AFTER
HATCHING

破壳生长

杨涛 | 著

中国人民大学出版社
·北京·

图书在版编目（CIP）数据

破壳生长 / 杨涛著. -- 北京：中国人民大学出版社，2024.5
ISBN 978-7-300-32518-7

Ⅰ.①破… Ⅱ.①杨… Ⅲ.①品牌营销－研究－中国 Ⅳ.① F713.50

中国国家版本馆 CIP 数据核字（2024）第 010497 号

破壳生长

杨　涛 / 著
Poke Shengzhang

出版发行	中国人民大学出版社	
社　　址	北京中关村大街 31 号	邮政编码　100080
电　　话	010-62511242（总编室）	010-62511770（质管部）
	010-82501766（邮购部）	010-62514148（门市部）
	010-62515195（发行公司）	010-62515275（盗版举报）
网　　址	http://www.crup.com.cn	
经　　销	新华书店	
印　　刷	北京宏伟双华印刷有限公司	
开　　本	890 mm × 1240 mm　1/32	版　次　2024 年 5 月第 1 版
印　　张	11.125 插页 1	印　次　2024 年 5 月第 1 次印刷
字　　数	211 000	定　价　79.00 元

版权所有　侵权必究　　印装差错　负责调换

— 自序 —

(一)

我于 20 年前开始系统学习西方营销学，硕士毕业论文是《高技术企业的营销策略研究》，以当时最前沿的关系营销视角来做高技术企业营销研究，该论文被评为学校当年的优秀毕业论文。我还曾给本科生、专科生和函授生代班讲授过"市场营销学"系列课程。研究生毕业以后，我进入手机行业工作多年，在三家上市公司历练过，如经历了 TCL 手机从早期的接近失败到快速崛起为当时中国手机第一品牌的完整历程，也经历了三星手机的市场份额从 9% 快速增长到 23% 的过程，参与策划了三星第一款高端智能手机及第一款月销量过百万手机的市场营销工作。我参与策划的营销工作所创造的销售额超过数百亿元。后来我与亚太区著名品牌授权管理机构香港山成集团（PPW）合作，在中国市场推出了多项国际顶级品牌的授权合作业务，比较近距离地学习了这些全球顶级品牌的管理经验。它们在品牌管理方法论上给我留下了深刻印象，如美国的耐克、百事和探索频道，日本的Hello Kitty，德国的大众，西班牙的皇家马德里足球俱乐部。我主导策划的百事手机曾经上了全球各大媒体的头条。上述这些经历，为本书的写作积累了理论知识和实战经验，让我能更好地以全球视野理解中国的消费品牌。被称为"现代营销学之父"的菲利普·科特勒教授曾经说过，学习营销知识也许仅需要几个月，但要去实践营销却需要一辈子。如今，20年已经过去，我也经历了中国的一个完整的消费周期，也有必要对自己的学习进行一个阶段性总结。

（二）

每个时代都有自己时代的特征。相比于20年前，目前中国的市场环境已经有了很大的变化。若要谈论新消费品牌破壳生长的策略，我认为我们首先要在一个大的历史背景中理解中国的消费市场。因此，我在本书第一章中就总结了中国消费市场自清末以来100多年的时间内经历过的五个消费者世代，并指出了中国当前的新消费者世代从2016年起开始进入一个新的发展阶段。这一波新消费浪潮可能有15年的发展周期，我预计2030年前后将会迎来更新一波的消费者世代。当然各世代也并不是替代关系，而是一波浪潮推动另一波浪潮前进，一波浪潮之下孕育着另一波浪潮的蓄势萌发。每一波浪潮中都会有标记着自己时代特征的新消费品牌的崛起。

在当今第五个消费者世代的中期，中国的新消费经历了如过山车般的超高速增长与急速下跌的过程，从一度让人血脉偾张到让人心惊胆战。但正是严酷的现实，倒逼我们退回到最初的地方去深刻反思。我在本书中总结了新消费品牌崛起的六大背景和四大特征，这是我们理解新消费品牌可以生生不息的原因。同时，我也指出了很多新消费品牌止步于从"网红"到"长红"的发展进程的原因。在新的周期下，中国新消费品牌的营销有了新的导向，主要呈现三大特征：其一是从以流量运营为中心转移到以用户运营为中心。社交媒体的发展让用户拥有了前所未有的交易和评价权，同时营销的过程也是用户深度参与的过程，营销的中心任务是与用户共建品牌。其二是由传统的割裂式营销向全链路数智化营销迈进。数字化技术、AIGC技术、AR/VR/MR技术的不断升级，让营销更加精准化和高效化。我有时想，未来企业的营销管理也许可以通过更高级的数智化技术（如AIGC营销技术）自动完成，企业或品牌的权力中心会被掌握AIGC营销技术的平台或公司所垄断。其三是营销的科学性和艺术性的结合上升到了新的高度。这要求新一代营销人既要懂营销的科学，又要懂营销的艺术。

（三）

知行合一，大道至简。中国的营销实践在很多领域已经处于世界领头羊的位置，但营销学理论似乎还处于20世纪以前的西方经典营销学的思维范式中。但凡你翻开一本大学营销学教科书，你就会发现，传统营销学的基本架构和营销技术在这20年间变化很少。与市场上的绝大部分营销学书不同，本书更关注在新的消费时代，一个新消费品牌是如何从0开始规划、成长并发展壮大的营销过程。我试图结合经典营销理论，总结中国新消费品牌的营销经验，从理论和实践两个维度，重构当今中国新消费品牌营销的底层逻辑和关键营销策略。我从营销学的大处着眼、小处着手，深入浅出地重新梳理新消费品牌的营销策略。如果你只能看一本有关新消费品牌的营销书，那一定就是这本了。

我在本书中提出了一个针对新消费品牌营销的崭新范式，即把新消费品牌营销的底层逻辑归纳为"ITR营销原理"，也可以称之为"吸引力营销模型"，即"认同"（identify）、"交易"（transaction）和"关系"（relationship）。

在此底层逻辑之下，我总结了"ITR营销"操作层面上的营销组合策略，一共可分为9大营销模块，我将之定义为"8P1B营销组合策略"。其中前3P是营销战略层面上的，分别是：产品（product）、人群（people）和品牌人设（persona）。这种针对营销战略的定义方法与传统的制定营销战略的着眼点有所不同，我是站在一个创新者的实战角度来思考如何从 0 开始构建一个新消费品牌的。后 5P1B 是营销战术组合部分，分别指：产品（product）、价格（price）、渠道（place）、推广（promotion）、用户（people）、品牌（brand）。"8P1B 营销组合策略"吸取了经典营销学理论中的营销组合架构思想，在内容上有了更多更新的包含当代市场营销特点的思考。

（四）

三年新冠疫情对全球消费者的消费观念产生了深刻的影响。这种影响可能会持续一到两代人，中国的消费者也不例外。同时，中国的新消费也受到了国际和国内大环境变动的影响，有很多不确定性。但我们更应该看到确定性的东西，比如中国政府更多鼓励国内消费市场的成长，新消费品和新消费品牌依然很活跃，同时，中国品牌规模化走向全球市场的"大航海时代"也会是大势所趋（一个重要的变化可能是消费重心从欧美市场转移到东亚、非洲、南美、俄罗斯等），新消费品牌更能跨越经济周期而更具投资价值，我们更要信奉消费品牌的长期主义。在当今中国，做成一个百亿元级规模的新消费品牌的难度可能更大了，但做成一个几亿元级规模的新消费品牌也许更容易了。我有一个大胆的预测：在未来 10 年，中国也许会有超过 100 个新消费品牌实现上市，也会有更多的品牌在并购重组中实现价值回报。本书就是从商业实战的角度，探讨新消费品牌的营销战略和战术，我的所思所考也不一定完全正确，只是起到抛砖引玉的作用。中国是制造业大国，但还不是品牌强国，有关消费品品牌的成熟理论和成功实践都还少之又少，甚至今天所谓的数字原生垂直品牌（DNVB）能否最终取得传统品牌那样的成功也尚未可知，难点是品牌从线上到线下的统合发展仍然面临难测的惊险一跃。因此，我期待与更多创业者一起探讨并创造出更精彩的中国新消费品牌。

目录

第一部分
新消费品牌营销的底层逻辑

第一章　新消费,"新"在哪儿　/ 003

品牌故事　元气森林——一瓶气泡水的狂奔之旅　/ 004

1.1　中国新消费品牌发展的五个历史阶段　/ 007
1.2　什么是当代"新消费"　/ 017
1.3　中国新消费品牌蓬勃发展的六大背景　/ 019
1.4　新消费品牌的"四新特征"　/ 020
1.5　新消费品牌营销的变与不变　/ 024

第二章　何谓品牌营销　/ 033

品牌故事　完美日记——一条不太完美的营销之路　/ 034

2.1　营销的基本原理　/ 037

2.2 品牌的基本概念 / 039

2.3 市场营销学十大经典名词解析 / 042

2.4 品牌管理学大师戴维·阿克和凯文·凯勒的品牌模型简介 / 048

2.5 专题：品牌与营销和定位的关系 / 052

2.6 专题：为什么说发了 2 万篇小红书笔记也不能算是在做品牌 / 055

第三章　新消费品牌的营销原理 / 057

品牌故事　花西子——国风品牌的美丽畅想 / 058

3.1 经典营销理论和营销实践面临的新挑战 / 064

3.2 新消费品牌营销的底层逻辑是 ITR 营销原理 / 067

3.3 ITR 营销组合策略 / 071

3.4 ITR 营销战略的商业实践 / 077

第二部分
规划营销战略

第四章　发现你的产品机会 / 083

品牌故事　蕉下——从一把防晒伞中发现的百亿元商机 / 084

4.1 从消费者年龄中发现产品机会 / 086

4.2　从产业选择中发现产品机会　/ 088

4.3　从品类创新中发现产品机会　/ 091

4.4　从商品四级分层法中发现产品机会　/ 093

4.5　从品类分化树中发现产品创新机会　/ 096

4.6　从长期趋势和发展规律中发现产品机会　/ 100

4.7　专题：品类创新的陷阱　/ 103

第五章　锁定你的目标人群　/ 105

品牌故事　小仙炖——从孕妇保养到中式滋补市场的大跃迁　/ 106

5.1　通过消费者世代原理来划分人群　/ 108

5.2　新消费八种典型人群划分法　/ 111

5.3　趣缘圈人群细分法　/ 114

5.4　以生活方式划分人群法　/ 118

5.5　用户画像法　/ 123

5.6　专题：消费者洞察　/ 127

5.7　专题：Z世代消费者的价值观和消费观　/ 130

第六章　设计你的品牌人设　/ 133

品牌故事　三只松鼠——IP营销的另类玩法　/ 134

6.1　什么是品牌人设　/ 136

6.2　确定品牌人设模型　/ 138

6.3　给自己的品牌画像　/ 143

6.4　挖掘品牌人设故事　/ 145

6.5　品牌人设的一致性传播　/ 149

| 第三部分 |

制定营销组合策略

第七章　产品策略　/ 155

品牌故事　苹果——乔布斯与伊夫的设计二重奏　/ 156

7.1　产品的本质　/ 159

7.2　新消费品的成功原理　/ 161

7.3　新产品的市场验证　/ 163

7.4　产品线延伸策略　/ 166

7.5　构筑产品矩阵的稳固度　/ 167

7.6　专题：Babycare 如何"死磕"婴儿纸尿裤　/ 169

第八章　品牌策略　/ 173

品牌故事　茶颜悦色——国风品牌设计的标杆　/ 174

8.1　定位品牌价值　/ 176

8.2　创建品牌身份识别体系　/ 184

8.3　品牌初创期策略——品牌四件套　/ 186

8.4　品牌发展期策略　/ 200

8.5 品牌成熟期策略 / 204

8.6 品牌的活化管理 / 206

8.7 专题：国风品牌设计的原理、思路和创意方向 / 209

第九章　价格策略　/ 215

品牌故事　小米——只赚 5% 硬件利润的定价智慧　/ 216

9.1 价格的重要价值 / 219

9.2 品牌初创期的定价策略 / 220

9.3 价格组合策略 / 222

9.4 竞争性定价策略 / 224

9.5 专题：经济不景气时，你该打价格战还是价值战？ / 226

第十章　渠道策略　/ 231

品牌故事　Babycare——架设立体销售通路　/ 232

10.1 渠道的概念和构成 / 234

10.2 新消费品牌在初创期的渠道策略 / 236

10.3 渠道的扩张与演进 / 237

10.4 私域、短视频和直播 / 238

10.5 专题：新消费品牌的私域流量怎么做 / 239

10.6 专题：什么是新零售 / 242

第十一章　推广策略　/ 247

品牌故事　三顿半——以探索之名行品牌沟通
之道　/ 248

11.1　推广策略的核心是做好内容营销　/ 251

11.2　内容从哪里来　/ 253

11.3　内容营销平台　/ 255

11.4　内容营销策略　/ 256

11.5　内容营销推广的组合工具　/ 262

11.6　初创品牌的内容营销该怎么做　/ 266

11.7　建立内容营销部　/ 269

11.8　专题：抖音 FACT 内容营销矩阵策略　/ 270

11.9　专题：AIGC 将如何改变营销　/ 273

第十二章　顾客忠诚度管理　/ 277

品牌故事　认养一头牛——一家替用户养奶牛的
公司　/ 278

12.1　顾客忠诚度　/ 280

12.2　如何提升顾客忠诚度　/ 282

12.3　如何评估顾客满意度和忠诚度　/ 289

12.4　管理顾客终身价值　/ 291

第四部分
管理品牌增长

第十三章　产品生命周期策略　/ 295

品牌故事　李宁——抓住国潮风，焕发新生机　/ 296

13.1　经典的产品生命周期模型　/ 298

13.2　萌芽期的营销策略　/ 301

13.3　成长期的营销策略　/ 304

13.4　扩张期的营销策略　/ 308

13.5　成熟期的营销策略　/ 310

13.6　衰退期的营销策略　/ 312

第十四章　从 0 到 10 亿元的品牌营销增长模型　/ 315

品牌故事　蕉内——四年从 0 到 10 亿元的增长奥秘　/ 316

14.1　设定用户增长目标　/ 319

14.2　科特勒用户购买模型　/ 320

14.3　营销增长四阶段模型　/ 325

14.4　专题：抖音"O-5A"品牌人群运营方法论　/ 333

第一部分

新消费品牌营销的
底层逻辑

每个时代都有具有自己时代特征的新消费。
当今中国,我们需要重构新消费品牌营销的底层逻辑。

| 第一章 |

新消费,"新"在哪儿

从发达国家的经验来看,当一国的人均GDP达到1万美元之后,该国的消费市场将进入增长的快车道。中国人均GDP在2019年已达到1万美元,这促进了新一波消费浪潮的到来,新消费品牌也雨后春笋般出现。新消费,"新"在哪儿?新消费品牌为什么可以生生不息?本章将告诉你这些问题的答案。

品牌故事

元气森林——一瓶气泡水的狂奔之旅

一家成立于2016年的中国饮料企业，只用了六年时间，销售额就达到了80亿元，这家企业就是元气森林。一瓶气泡水如何一路狂奔，迅速成长为中国市场上一颗耀眼的消费明星？我们可以从元气森林六年发展历程的大事记中发现一些端倪。

2015年，成立产品研发中心，为进入瓶装饮料行业做前期技术准备。

2016年4月，成立北京浩繁科技有限公司，后更名为元气森林（北京）食品科技集团有限公司。

2016年9月，首先推出了两款果茶产品。

2016年11月，推出"燃茶"系列产品，取得了初步的成功。

2018年3月，推出号称"0糖0脂0卡"的苏打气泡水，取得了更大的成功。

2018年8月，进军酸奶市场，推出了"北海牧场"酸奶产品。

2019年3月，推出新品类："宠肌胶原蛋白饮品"。

2019年4月，推出新品类："健美轻茶"（2021年更名为

"纤茶")。

2019年11月，推出新品类："乳茶"。

2020年2月，推出新品类："外星人"电解质水饮料。

2020年3月，独家冠名的综艺节目《我们的乐队》，在湖南卫视和江苏卫视播出。

2020年，在天猫"6·18"购物节饮品类销量中排名第一。

2020年7月，通过新加坡健康促进局（HPB）认证，获得新加坡HCS健康优选标识，正式进入新加坡主流渠道。

2020年，元气森林旗下的北海牧场酸奶斩获比利时国际风味暨品质评鉴所颁发的"世界顶级美味"，拿下四块顶级美味奖章。

2020年10月，被《第一财经》评为"年度国民新国货"。

2020年11月，在天猫和京东"双11"购物节饮品类销量中排名第一。

2020年11月，海外销售已覆盖美国、澳大利亚、新西兰、日本、新加坡等40多个国家。

2021年7月，推出新品类："有矿天然软矿泉水"。

2021年12月中旬，海外版铝罐气泡水进入美国亚马逊气泡水畅销榜前十，同时包揽该赛道新品榜前三，元气森林成为唯一进入该榜单的中国饮料品牌。

2021年12月，入选"中国十大独角兽"榜单，位居第九名（估值950亿元）。

2022年，已自建八条全自动无菌碳酸饮品生产线。

2022年3月初，宣布面向全国市场推出变温瓶装气泡水。

2022年7月，内部建立了代号为"YYDS"的新品研发小组，用于开发一款新的无糖可乐饮品。

2022年8月，以35.26亿元的品牌价值入选品牌联盟"2022中国品牌500强"，位列第490位。

2022年11月，打通即时零售销路，外卖销量增长88%。

纵观元气森林的发展之路，我们可以看到它在产品开发上的不断追求。其中也有曲折的探索过程，我们可以看到它最初两年推出的产品都不能算是很成功，直到标注着"0糖0脂0卡"的元气森林气泡水横空出世，它才算是真正走上了高速成长的康庄大道。

截止到2022年，元气森林已经布局多个品类，如表1-1所示。

表1-1 元气森林的产品品类

类别	产品名称	宣传语
碳酸类	苏打气泡水	0糖0脂0卡
奶茶类	乳茶	低糖低脂肪
乌龙茶类	燃茶	无糖解腻喝燃茶
果汁类	满分！	气泡和果汁的碰撞
养生类	纤茶	一日轻盈喝纤茶
功能类	外星人	补水！喝外星人电解质水
矿泉水类	有矿天然软矿泉水	喝有矿，更有矿！

元气森林所进入的瓶装水各细分品类，其实大都不算是开创性的，有些品类甚至已经有竞争对手切入市场数十年了。但元气森林却能在强手如林的瓶装水领域独辟蹊径，杀出了一条血路，甚至还遭遇了百年品牌可口可乐等的强烈阻击。这就引起了我们的思考：在新的时代背景下，元气森林究竟做对了什么？元气森林等一众中国新消费品牌集体崛起的背后，究竟隐藏着什么样的时代密码？

1.1 中国新消费品牌发展的五个历史阶段

应该将"新消费"作为一个动态概念，放在历史的长河中审视——它是跟随中国经济发展的步伐而不断变化和演进的。每个时代都有属于自己时代的密码，因此，每个时代都有属于自己的新消费产品和新消费品牌。

通过审视100多年来中国消费品牌发展的历史，我们可以将其划分为以下五个主要的发展阶段。

第一个阶段：清末到新中国成立前。这段时期可以称为"旧中国时期"的"洋品牌风行期"。

这一阶段新消费的主要特征是"洋品牌"的入侵。西方发达国家首先进入工业革命，并借助鸦片战争的胜利向我国大规模倾销商品，洋货充斥了我国的大部分市场。如新中国成立前的上海，商店里销售的商品80%以上都是洋货，这些洋货就是当时的新消费。这一阶段的时代特征是"以洋为美"。如1872年，法国轩尼诗白兰地酒科涅克XO（又称"干邑"）进入上海；1927年可口可乐进入中国。而这一时期的国货，如北京的盛锡福、内联升和杭州的张小泉等大多还属区域性品牌，中国尚缺少享誉全国的本土品牌，且这些本土品牌也不是当时消费者追捧的"热销产品"，它们所代表的品牌文化也已经落寞。随着中国经济近些年的发展，这些品牌，有很多凭借"中华老字号"的保护性品牌而重新焕发生机。

第二个阶段：新中国成立到改革开放前，即1949年到1978年。这段时期可以称为"计划经济时代下的短缺经济时期"，新消费主要表现在对"老三件"的追求上。

这段时期有两个突出的特点：一是新中国百废待兴，工业基础十分薄弱，商品全面短缺；二是市场经济被否决，竞争被看作资本主义尔虞我诈的产物，民间资本和企业表现不活跃，品牌失去了生存的土壤。由于商品供给不足，人们在购买产品时没有更多挑选的余地。这段时期新消费的热点主要体现在几类潮流性轻工业产品上，如20世纪70年代人们追求的"老三件"：手表、自行车、缝纫机。手表品牌有"上海""海鸥"；自行车品牌有"永久""飞鸽""凤凰""红旗"；缝纫机品牌有"蝴蝶""蜜蜂"。另外的热点消费品牌还有收音机行业的"红灯""红梅"等。这些品牌的产品价格不菲，成为当时的"新消费品"，是人们追逐的对象，它们也成为计划经济时代下新消费的代表品牌。

在这段时期，中国还集中创办了一批涉及基本民生和基础工业的产业，如粮油产业、汽车产业等。此外，传统名酒品牌在这一时期也大都得到了重启，并新建了工厂，成为消费品行业的一大亮点。

参考新消费新国货社群"海豚社·新茅榜"发布的"2022中国消费品牌500强"，中国共有120个消费品牌的年销售额超过100亿元，其中诞生于计划经济年代的新品牌以及在新中国成立后重启的老字号品牌（在表中"创立年份"栏标注为"老字号"）共有36个，如表1-2所示。

表1-2　中国年销售额超100亿元的消费品牌创立年份（1949—1978年）

序号	品牌	品类	创立年份	序号	品牌	品类	创立年份
1	茅台	酒类	老字号	13	同仁堂	医药	老字号
2	五粮液	酒类	老字号	14	周大福	黄金珠宝	老字号
3	洋河	酒类	老字号	15	老凤祥	黄金珠宝	老字号
4	汾酒	酒类	老字号	16	中粮	粮油	1949
5	泸州老窖	酒类	老字号	17	金龙鱼	粮油	1949
6	郎酒	酒类	老字号	18	光明乳业	乳品	1952
7	古井贡酒	酒类	老字号	19	劲酒	酒类	1953
8	剑南春	酒类	老字号	20	上汽	汽车	1955
9	习酒	酒类	老字号	21	红塔烟草	烟草	1956
10	牛栏山	酒类	老字号	22	重庆啤酒	酒类	1958
11	海天味业	粮油	老字号	23	中国重汽	汽车	1958
12	李锦记	粮油	老字号	24	飞鹤	母婴	1962

续表

序号	品牌	品类	创立年份	序号	品牌	品类	创立年份
25	江淮汽车	汽车	1964	31	长虹	家电	1970
26	统一	食品	1967	32	白云山	医药	1973
27	江铃汽车	汽车	1968	33	山东黄金	黄金珠宝	1975
28	纳爱斯	洗护	1968	34	波司登	服饰	1976
29	东风汽车	汽车	1969	35	格兰仕	家电	1978
30	云南白药	医药	1971	36	长城葡萄酒	酒类	1978

第三个阶段：1979年到2000年。这段时期可以称为"改革开放第一阶段"，是新消费品牌百花齐放的"黄金时代"。

自1978年中国开始实行改革开放，随着社会主义市场经济体制的逐步确立，企业渐渐成为参与市场竞争的主体，新品牌进入自由发展时期，这代表了新消费时代的全面到来。比如1982年，江苏盐城燕舞公司（生产收录机等）进京销售，并率先在《人民日报》《北京日报》和北京电视台等"新媒体"上投放广告，甚至在中央电视台连续投放广告，拉开了中国消费品品牌营销的序幕。1990年第十一届亚运会在北京举行，广东健力宝集团花巨资购买了此次运动饮料的专卖权，并花费1 600万元赞助第十一届亚运会，一时成为国内最大的广告赞助商，这是一个有里程碑意义的品牌营销事件。

1992年，邓小平在南方谈话中在谈到计划多一点还是市场多一点不是社会主义与资本主义的本质区别时，指出："社会主义的本质，是解放生产力，发展生产力，消灭剥削，消除两极分化，最终达到共同富裕。"这一论述进一步解放了人们的思想，使得市场经济下的商品实现了新一轮的爆发性成长。中国品牌开始集体登上历史舞台，并形成了一大批享誉全国的知名品牌。

饮料行业有健力宝、娃哈哈、维维、椰树、露露、光明、蒙牛、伊利等；家电行业有海尔、新飞、康佳、TCL、美的、格兰仕、格力等；计算机行业有联想、方正、长城等；服装行业有杉杉、雅戈尔、红豆、鄂尔多斯、富贵鸟、波司登、李宁、安踏等；鞋业有森达、康奈、双星、金猴、回力等；家庭用品行业有雕牌、立白、白猫、安尔乐、美加净、大宝、乐凯、好孩子等；食品行业有双汇、金锣、莲花、华龙、盼盼、福满多等。这些品牌陆续从地方走向全国，很快成为全国性新消费的代表品牌。同时，中国的改革开放也引入了大量的海外商品，它们也一度称霸中国中高端消费市场，如索尼随身听、索尼电视等。无论是国际品牌还是本土品牌，它们一起成为改革开放前20年的"新消费"品牌。

这段时期是中国新消费品牌诞生的黄金时代。我们梳理了中国2022年销售额超过100亿元的消费品牌，其中共有53个品牌是在这一时期成立的,见表1-3。

表1-3 中国年销售额超100亿元的消费品牌创立年份(1979—2000年)

序号	品牌	品类	创立年份	序号	品牌	品类	创立年份
1	雅戈尔	服饰	1979	20	李宁	服饰	1990
2	老板电器	家电	1979	21	格力	家电	1991
3	燕京啤酒	酒类	1980	22	安踏	服饰	1991
4	TCL	家电	1981	23	百丽	鞋业	1992
5	美的	家电	1981	24	康师傅	食品	1992
6	捷安特	自行车	1981	25	双汇	食品	1992
7	旺旺	食品	1983	26	稻花香	酒类	1992
8	怡宝	饮料	1984	27	青岛啤酒	酒类	1993
9	长城汽车	汽车	1984	28	伊利	乳品	1993
10	联想	电脑	1984	29	奥克斯	家电	1994
11	上海烟草	烟草	1984	30	海底捞	餐饮	1994
12	海尔	家电	1984	31	立白	生活用品	1994
13	海信	家电	1984	32	今麦郎	食品	1994
14	维达	生活用品	1985	33	苏泊尔	家电	1994
15	红河烟草	烟草	1985	34	金锣	食品	1994
16	鲁花	粮油	1986	35	君乐宝	乳品	1995
17	华为	通信	1987	36	比亚迪	汽车	1995
18	娃哈哈	饮料	1987	37	步步高	消费电子	1995
19	达利	食品	1989	38	vivo	消费电子	1995

续表

序号	品牌	品类	创立年份	序号	品牌	品类	创立年份
39	公牛	电工	1995	47	科沃斯	家电	1998
40	农夫山泉	饮料	1996	48	晨光文具	文化用品	1999
41	方太	家电	1996	49	蒙牛	乳品	1999
42	森马服饰	服饰	1996	50	科大讯飞	消费电子	1999
43	海澜之家	服饰	1997	51	国台	酒类	1999
44	蜜雪冰城	餐饮	1997	52	合生元	食品	1999
45	奇瑞汽车	汽车	1997	53	王老吉	饮料	2000
46	吉利汽车	汽车	1997				

第四个阶段：2001年到2015年。这段时期是中国工业品全面崛起并快速走向全球发展的时期，诞生了一批具有国际影响力的中国品牌；同时也是中国互联网高速发展的时期，"淘品牌"成为新消费的主要特征。

2001年，中国正式加入世界贸易组织，"新消费"也进入了一个新的历史时期。中国制造开始全面走向全球市场。如2004年，TCL收购汤姆逊的彩电业务和阿尔卡特的手机业务，2005年联想收购IBM的PC机业务，成为中国企业走向全球市场的标志性事件。

与此同时，互联网经济开始快速发展，商品的营销逻辑也开始有了显著的变化；人们从线下商场、超市，开始过渡到线上购物。这一消费行为的根本性变化为这一时期的新消费品牌的诞生，提供了新的沃土。一批诞生于网络购物平台的所谓"淘品牌"开始集中登上历史舞台。它们讲究的是更新的设计、更快的产品迭代速度、更多样的价格组合以及更丰富的营销手法。曾经如日中天的淘品牌有三只松鼠、御泥坊、麦包包、韩都衣舍、裂帛、歌瑞尔、芳草集、摩登小姐、小狗电器等。这些品牌从最基本的衣食住行类产品入手，用更年轻化的品牌形象占领了一部分市场份额。然而，可惜的是，绝大部分淘品牌最终都没能做大，最后发展为全国性著名品牌的少之又少（相比头二十年中国品牌的崛起）。虽然它们只能占据一小部分人群市场，但是它们确实又属于大时代特征下的"新消费"，不过正是这些"小而美"的新产品新品牌，成就了普通百姓新消费的浪潮。这段时期可以称为新消费的"小而美时期"。

中国目前年销售额超过 100 亿元的消费品牌中，共有 18 个品牌是在这一时期成立的，见表 1-4。这一时期代表性的新消费品牌的新增量主要来源于消费电子行业。

第五个阶段：2016 年到 2030 年。随着 5G 时代的到来，中国移动互联网的应用进入一个新的历史时期。以"95 后"这一"互联网原生族"为主要特征的消费人群开始引领中国新消费的方向，"国潮概念"正全面崛起，这段时期可以称为"群星璀璨的新国潮时期"。

表 1-4 中国年销售额超 100 亿元的消费品牌创立年份（2001—2015 年）

序号	品牌	品类	创立年份	序号	品牌	品类	创立年份
1	老百姓大药房	医药	2001	10	OPPO	消费电子	2005
2	海康威视	安防设备	2001	11	传音	消费电子	2006
3	歌尔	通信	2001	12	浙江中烟	烟草	2007
4	雅迪	电动车	2001	13	古茗	餐饮	2010
5	特步	服饰	2001	14	小米	消费电子	2010
6	九阳	家电	2002	15	荣耀	消费电子	2013
7	一汽解放	汽车	2003	16	SHEIN	服装电商	2014
8	华润啤酒	酒类	2003	17	蔚来	汽车	2014
9	湖北中烟	烟草	2003	18	理想	汽车	2015

在分析中国这段时期的新消费特征之前，我们有必要先来了解一下在美国最早流行起来的"DTC 品牌"。

"DTC"是指"direct to consumer"，"DTC 品牌"即直接面向消费者的品牌，也被称为数字化原生垂直品牌。DTC 品牌的主要特征有：互联网原生品牌，品类高度聚焦，产品线比较专一，SKU 数量不多，非常关注产品设计；直接面向消费者，自建网络销售渠道，缩减中间渠道；采用直接面向消费者的沟通渠道，重视消费者意见；重视社交媒体营销，重视品牌理念和消费者体验，一般通过脸书、X 等新社交媒体与用户进行互动传播。

美国的 DTC 品牌从 2010 年开始全面崛起，比中国的 DTC 品牌早了 5～10 年。比较典型的品牌案例有 Dollar Shave Club（美元剃须俱乐部，简称为 DSC）。DSC 成立于 2012 年，仅用三年的时间就占据了美国剃须刀市场 50% 以上的份额，并于 2016 年即成立仅仅四年后就以 10 亿美元的价格被联合利华收购。据不完全统计，在前十年间，美国市场大约有超过 400 多个 DTC 品牌获得了新的投资，大多数品牌的销售额往往都能在三年内超过 1 亿美元。这种成长速度远远超过了旧时代消费品牌的成长速度。人们都惊呼，所有的行业都可以用"DTC 品牌运营"的方式重来一遍。

随着中国 5G 时代的到来，抖音、快手、微信、小红书等内容与社交平台强势崛起，中国也有一批新的消费品牌赶上了时代的红利期，开始集体登上历史舞台，中国新消费有了新的特征。这些新消费品牌遍布于衣食住行各细分品类，在短短的三到五年间获得了超高速的成长。据初步估算，2016—2020 年间，中国年销售额超过 1 亿元的新消费品牌就有 100 多个，超过 10 亿元的新消费品牌有 20～30 个，超过 100 亿元的目前还比较少。但随着时间的推移，中国新消费品牌将稳步推进，已经成为这个时代最确定的发展方向之一。

1.2 什么是当代"新消费"

那什么是当代"新消费"呢？目前尚无统一定义。

首先从官方的广义定义来看，2015年发布的《国务院关于积极发挥新消费引领作用 加快培育形成新供给新动力的指导意见》对此曾做过阐述："我国已进入消费需求持续增长、消费结构加快升级、消费拉动经济作用明显增强的重要阶段。以传统消费提质升级、新兴消费蓬勃兴起为主要内容的新消费，及其催生的相关产业发展、科技创新、基础设施建设和公共服务等领域的新投资新供给，蕴藏着巨大发展潜力和空间。"

百度百科对"新消费"的定义是：由数字技术等新技术、线上线下融合等新商业模式以及基于社交网络和新媒介的新消费关系所驱动之新消费行为。它具有"增量提升"和"消费升级"的特点。

阿里巴巴集团前 CEO 张勇说：新消费不是原有消费的数字化，而是新供给创造的消费增量。未来中国经济的增长一定是消费驱动和体验驱动的。

综上所述，对于"新消费"，我给出了自己的定义。我认为新消费是新消费产品、新零售模式以及数智化管理"三结合"下的新消费市场。首先，当代的新消费品，不仅仅是"消费市场的增量"，也是"存量市场"的新生代产品升级和"变量市场"的替代品升级。消费品一般可以划分为四个类别，分别是便利品、选购品、特殊品和非渴求品。我们在本书中主要探讨的是便利品和选购品的营销。其次，新零售的商业模式也在发生深刻的变革，人们了解商品、购买商品的渠道和方式也在发生巨大的变化，如社区型零售（永辉生活、多多买菜、钱大妈等）、综合性零售卖场（盒马鲜生、KKV、名创优品等）、专卖连锁品牌（瑞幸、三只松鼠、周黑鸭、喜茶、奈雪的茶）等。最后，数智化管理已经成为企业共识。如中国新零售的代表性品牌"蜜雪冰城"，就在其2022年IPO申请书中宣布要投入2.7亿元用于数字化架构项目的建设；而早已成为全球领导品牌的星巴克，在2022年9月宣布在未来三年将投入14.6亿元用于建设中国首个数字技术创新中心。

在中国，消费占GDP的比重已由2008年的35%提升到至今的50%左右，有的年份能达到55%以上，估计未来十到二十年消费占GDP的比重可能会达到70%。中国有14亿人口，其中有超过4亿的中等收入人群，这样庞大的强购买力人群是任何国家都无可比拟的巨大消费力量，已成为支撑中国经济可持续发展的保障。

新消费将成为中国经济发展的新动能。可以预见的是，将会有更多样化的新产品、新品牌诞生。中国的新消费品牌不仅立足于中国，更可能会走向全球市场。中国的新消费时代已经来临。当然，每个时代都有每个时代的具体的产品特点，这方面的内容我将在本书第四章"发现你的产品机会"中再做详细论述。

1.3 中国新消费品牌蓬勃发展的六大背景

第一，中国工业产业体系完整且强大，为中国新消费市场的蓬勃发展奠定了无与伦比的产业基础。

按照联合国对全球工业产业的划分，世界工业产业可以分为41个大类，207个中类，666个小类，中国是全球唯一一个拥有全部工业门类的国家。中国全产业链的基础优势，使得新消费品牌的诞生拥有得天独厚的供应链条件。

第二，中国消费市场已极大丰富，产品竞争已进入新的竞争阶段。

中国消费市场总体上已进入追求更加丰富、更加个性化的消费体验的新阶段，产品升级换代的需求强劲。

第三，中国消费文化中兴起"国潮风"，西方传统优势领域正被国产品牌快速取代。

如衣食住行领域中已经有越来越多国产品牌在取代海外品牌的行业地位。如在2022年天猫"6·18"大促期间，有459个国产新品牌的成交额位居细分类目第一名。

第四，交易平台的基础设施已非常完善。

以淘宝、天猫、京东、拼多多为代表的线上巨无霸销售平台，不断完善推广、交易、物流、金融、仓储等功能，使得新消费品牌的成长门槛大幅降低。数字化技术在批发和零售渠道中也获得了突飞猛进的发展，线上和线下数字化信息的整合为新消费品牌的运营增添了更多可控性。

第五，新媒介平台快速崛起，内容化营销大行其道，品销合一渐趋佳境。

今日头条、抖音、快手、小红书、视频号、微博等社交平台和内容平台的极大发展，为新消费品牌带来了更多的推广渠道、更低的推广成本和更精准的人群锁定。数字化推广和数字化营销、千人千面等技术手段，使得产品开发、媒介传播、品牌推广更加直接有效。甚至在单一平台上，商家就可以完成产品开发、产品推广、产品销售及产品服务的全过程。

第六，资本市场比较成熟。

中国资本市场所具有的强大推动力，使得新消费品牌从诞生到成长远远快于之前的品牌。从对新品牌的风险投资，到中国资本市场的多元化建设，资本的进入退出机制也越来越便利。

以上六个方面为中国新消费品牌的加速诞生提供了无与伦比的沃土和创业窗口期。业界有一个普遍共识：未来十年，最能确定的发展机会就是中国新消费品牌的集体崛起。

1.4 新消费品牌的"四新特征"

新消费品牌之所以"新"，主要体现在以下"四新特征"，以及由此延展出的一系列新的产品特性上。图1-1揭示了新消费产品诞生的底层逻辑。

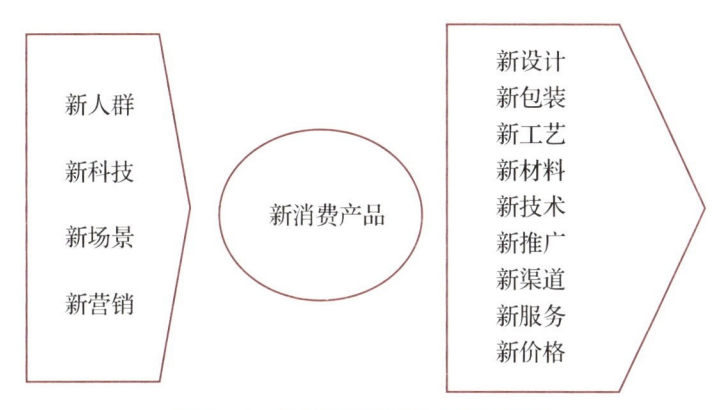

```
新人群              新设计
新科技              新包装
新场景   新消费产品   新工艺
新营销              新材料
                   新技术
                   新推广
                   新渠道
                   新服务
                   新价格
```

图 1-1 新消费产品诞生的底层逻辑

1. 新的消费人群

人群是在不断增长和变化的。从整体上看，新消费人群的主要增长点来源于三类人群。

第一类是"Z世代"，即1995年到2010年出生的一代人。

从全球范围来看，他们的主要特征是"互联网原住民"，他们从认识世界之初就是与互联网紧密相伴的。他们的所知、所感大都与互联网平台紧密相关，也因此他们受互联网的影响最大。同时，他们也是通过互联网表达观点最活跃的群体。

从中国的情况来看，他们是在中国经济一路高歌猛进的环境下成长起来的。因此，互联网原住民和"国潮范"是这一群体的两大核心特征。从整体的人数规模和消费能力上看，当前这个群体的消费力并不是最强的,但他们最容易接受新生事物,对新生事物也有最大话语权,他们将影响新生品牌是否算作成功的评价标准。

第二类是新生宝宝和新手妈妈。

新一代的新手妈妈更愿为新生宝宝提供更健康、更好玩、更便捷的产品。于是 Babycare 的花苞裤、帮宝适的袋鼠裤,以及其他更轻薄、更柔软、更透气的纸尿裤就有了更好的成长机会。新手妈妈对吃、穿、用也有了跟她们的上一辈不同的要求,如嫚熙的哺乳内衣、月子服、妈妈家居服等新产品不断涌现。

第三类是银发族。

国家统计局发布的 2021 年中国经济数据显示,截至 2021 年末 60 岁及以上人口为 26 736 万,占全国人口的 18.9%,其中 65 岁及以上人口为 20 056 万,占全国人口的 14.2%。国家卫健委预计到 2035 年左右,我国 60 岁及以上老年人口将突破 4 亿,在总人口中的占比将超过 30%,中国将进入重度老龄化阶段。

"银发经济"无疑将成为未来的热词之一。老年人群体的大幅增长,将会推动健康、社交陪伴和旅游等领域的大发展,新的产品形态也将会极大丰富。

2. 新的科技发展

新技术、新材料、新工艺、新配方推动了消费类产品的持续创新。如随着电池技术的发展,新能源汽车市场正迎来历史上最好的发展机遇期。

日常消费领域更是涌现出了众多的新产品。如白小T升级了布料工艺,防污性能更优越;冻干工艺催生了三顿半咖啡和茶里花果茶的新市场;新配方促进了自然堂的茶泥膜的畅销;新工艺激发了用户对欧莱雅吸油棒粉底液的追捧。

3. 新的消费场景

工作和生活的快节奏、单孩家庭的孤独等使得相关群体有了更多细化、个性化的消费场景。

比如,一人餐场景激发了自嗨锅、莫小仙、小熊电器等新品种的问世;迅捷场景下,诞生了三顿半冷萃咖啡、王饱饱麦片、茶里新式袋泡茶;追剧场景下,零食市场催生了"王小卤";健康风之下有了元气森林、小仙炖;国潮风之下有了花西子彩妆和茶颜悦色奶茶的兴起。年轻人更加向往无拘无束,于是有了内外(NEIWAI)、Ubras胆大心细的创新。在全球疫情背景下,新的露营场景和野外场景也得到快速发展,以"挪客"为代表的露营类品牌和以"汉鼎"为代表的垂钓类品牌有了超高速的成长。

另外,特别值得一提的是,孤独感也成为现代都市人的一种消费诱因,因此宠物经济得到了突飞猛进的发展,宠物产品也开始了细分化浪潮。如除了传统的宠物食品,宠物头盔、宠物潮流推车、宠物假发、雨衣、飞盘玩具等新应用产品也雨后春笋般涌现。此外,电竞产品也算是一种对抗孤独感的方式。

新的时代,新的消费场景,新的消费品,这就是新消费品牌不断诞生的根本缘由。

4. 新的营销手段

在新时代，新的消费者、新的互联网技术、新的推广和销售场景，必然带来营销理念和营销技术的大变革。

消费者研究技术，从原来笨拙的现场调研或问卷，快速过渡到互联网的大数据分析；新产品上市的测试方法，从原来费时费力的线下测试，发展到快速的线上 ABC 测试；广告传播则从原来投放于央视、各卫视的广告，发展到借助头部大 V、KOL、KOC 投放广告；建立多层级的销售渠道，已经快速转变为短视频和直播带货。原来需要在不同渠道上才可以完成的用户调研、产品试销、品牌推广、售前售中售后服务，现在在一个平台上就可以实现营销闭环。互联网技术和通信技术的高度发展，正在让整个营销理论和营销技术发生深刻的变革。如果我们再往后看五到十年，AIGC（人工智能生成内容）技术在营销领域将会大放异彩，甚至会对营销的基本理念和技术产生颠覆性影响。作为营销人，我们要密切跟进。

1.5 新消费品牌营销的变与不变

新消费品牌自 2016 年以来，雨后春笋般地爆发式增长，同时也获得了资本市场的青睐，以完美日记、奈雪的茶和泡泡玛特为代表的一批新消费品牌在短短的几年内就完成了上市，一时风光无限。

2021年,时任阿里巴巴集团副总裁的杨光表示,新品牌的存活率是天猫的核心战略之一。天猫宣布推出"潜力新品牌孵化计划",计划在五年内投入百亿元,重点孵化2 000个潜力新品牌。

2022年,抖音发布了新的"抖品牌成长扶持计划",其核心目标是筛选出1 000个抖品牌,并在这1 000个抖品牌中扶持100个GMV过亿的品牌。对此,抖音电商平台会提供六大扶持权益,包括基础权益、经营政策、DP政策、营销活动、品牌宣发、达人政策。

快手平台也在2022年发布了《跃入新市井——快手新市井商业增长白皮书》,为品牌带来了"以人为本"的快手式营销解法,强调了"一个达人就是一个平台"的理念,并提出"NICE深度经营方法模型":一是以"native"原生内容为养料供给,通过原生内容+商业化投放,释放流量新红利,做大品牌效应;二是以"influencer"即以人为本为根基,与消费者建立强度连接,做强品牌阵地;三是以"cycle"闭环深耕为轴,实现可持续循环"造血",做深价值挖掘;四是以"evaluation"数据全感为催化,通过更科学的数据和工具实现更有效的营销,做精策略构建。

2022年,腾讯广告提出了一套"1234"全域经营方法论,即始终以用户为"1个中心",做到线上线下、公域私域"2个整合",开展基于全域场景的产品形态创新与链路优化,以提升触达、沟通、经营"3大能力",夯实腾讯广告系统、营销科学产品(RACE)、营销云、服务商市场"4大支撑",协助多种生意模式获取增长。腾讯平台的全域经营,不仅是一套深度的用户经营与体验管理体系,更是线上线下贯通公域私域的数字化体系。

2022年,阿里妈妈全新发布了消费路径全域全旅程归因技术(MTA)、新品冷启动解决方案(NPA)、直播间智能技术套装(ACE)三大创新经营技术,以及基于人货(CP)资产(C是consumer,即人群资产;P是product,即货品资产)的科学经营方法论——人群深链经营方法论(DEEPLINK)和货品长效经营方法论(PLTV),针对四大行业(快消、食品、消费电子、服饰)提出了营销新策略,让品牌的人货资产真正实现可追踪、可行动、可运营、可衡量,最终带来品牌经营的确定性。

新品牌在这些销售平台的政策助力下,近几年确实实现了高速发展。

根据2021年6月1—15日的天猫"6·18"销售额,共有459个新品牌位居细分类目的榜首。表1-5中统计了部分上榜品牌。

表1-5 2021年天猫"6·18"大促上榜新品牌

类目	品牌名	创立年份	细分品类	类目	品牌名	创立年份	细分品类
宠物	Cature	2019	宠物口腔清洁	个护	理然	2019	男士头发造型
宠物	CATLINK	2019	智能猫砂盆	个护	BOP	2019	口腔清新剂

续表

类目	品牌名	创立年份	细分品类	类目	品牌名	创立年份	细分品类
个护	摇滚动物园	2019	身体磨砂	女装	十三余	2019	女士汉服
个护	笑容加	2015	电动牙刷	隐形眼镜	MOODY	2019	彩瞳
美妆	逐本	2019	卸妆油	茶饮	羽心堂	2019	玫瑰花茶
美妆	珂拉琪	2018	唇彩唇蜜唇釉	饮料	永璞	2014	咖啡液
生活电器	云鲸	2019	扫地机	饮料	梅见	2019	梅酒
生活电器	添可	2019	扫地机	饮料	贝瑞甜心	2019	果酒
生活电器	火鸡	2019	餐具消毒机	饮料	十点一刻	2021	苏打酒
家装	蓝盒子	2018	记忆弹簧床垫	食品	空刻	2019	意大利面
婴童用品	BeBeBus	2018	儿童安全座椅	食品	王小卤	2016	鸡肉零食
箱包配饰	古良吉吉	2017	手机包	食品	薄荷健康	2017	营养代餐
内衣	Ubras	2017	文胸	食品	官栈	2018	花胶
内衣	奶糖派	2015	大杯文胸				

资料来源：根据天猫发布的 2021 年 6 月 1—15 日榜单整理。

在 2021 年"双 11"大促期间，未卡、每日黑巧、缤兔、Other Stories 等 90 个新品牌连续三年持续"霸榜"，蝉联细分类目第一。此外，还有 275 个新品牌连续三年翻倍增长，走出了漂亮的高质量增长曲线。

但是，随着时间的流逝，以流量经济为主要特征的新消费品牌的增长动力快速衰竭了。新消费品牌自 2021 年下半年开始，有高峰回落的迹象，甚至还有很多品牌销售严重下滑，一度在资本市场上遭遇寒冰，已经上市的几家新消费品牌公司的市值也大幅下跌，甚至还有市值跌破 95% 以上的品牌。因此，有人预言："三年后 99% 的新消费都会死，2022 年就会先死一半。"从极度乐观到极度悲观，新消费究竟是怎么了？

新消费难道没有前途了吗？对此，我们要来分析一下新消费的"变"与"不变"。

我们先来看新消费的三个"变"。

第一，对新消费品的预期要变。

新消费品大都是基于兴趣点而新生的产品，从品类上看，也大都是小而美的细分品类。我们对它们的整体规模预期不能太乐观。从理论上看，也许只有万分之一的新品牌能做到百亿元级规模，千分之一的新品牌能做到十亿元级规模，百分之一的新品牌能做到亿元级规模。而对于资本市场来讲，它们大都是冲着百亿元级、数百亿元级乃至千亿元级的规模去的。当现实的残酷数据摆在眼前时，资本市场的投资兴趣就有点"歇菜"了。

对于消费品行业，我们应当回归理性，形成正确的认知。我们很难再去做一个全新的百亿元级规模的新品牌，这个机会依赖于一个千亿元级以上的新行业横空出世，比如像新能源汽车这样的新兴行业，但这样体量的新增行业是非常少的。绝大部分的消费品行业的新创品牌，需要循序渐进式地把市场规模从1亿元做到10亿元，并获得好的投资回报。在当前的中国市场上，一个新品牌若能做到几亿元的规模，也能获得上市资格。从投资回报的角度来讲，消费品行业是最抗经济周期的行业。因此，做一个成功的新消费品牌在很多人看来，仍然是不确定环境下最为确定的投资方向。

第二，对流量营销的打法要变。

随着近几年超级社交平台和超级内容电商平台的崛起，中国互联网的流量池又有了新一波洼地。很多新消费品牌借助新增流量的机会点，成就了高速的发展。但当流量成本越来越高时，依靠狂刷流量的运营模式已经跟不上形势了。

这几年有一些新消费品公司，比如完美日记靠着大量的流量营销技巧，品牌迅速膨胀，"流血"上市，成就企业神话。这就如同当年的互联网公司一样，期望先刷用户数量，再做利润。然而，消费品有其不同于互联网产品的发展规律，流血上市的公司一定是还没有找到让其盈利的基本模式，即使上市了，也很难具备这种盈利能力。真正好的、有长期价值的消费品公司，一定是盈利后才去上市的。对消费品牌的成长我们要有一定的耐力。从淘宝时代的"淘品牌"到如今靠抖音成长起来的"抖品牌"、靠小红书成长起来的"红品牌"等，这些以流量思维运作起来的"网红"品牌，绝大多数都没有成为"长红"品牌。仔细研究背后的原因，我们发现它们涉及了一个与众不同的课题。

第三，新消费品牌营销的底层逻辑要变。

随着数字化、内容化营销平台的不断升级，我们的品牌营销的逻辑也要跟着变化。从产品概念的提出、用户定义，到产品测试、价格定位、渠道定位，再到整合营销传播，几乎每天都在发生变化。营销的理念、工具和技术在发生深刻的变革，这种变化无论是对百年全球性消费品牌，还是对国内新生消费品牌，都既是一个巨大的挑战，同时也是一个可以突破的机会。

我们再来看新消费的三个"不变"。

第一，新消费品诞生的土壤不变。

上面我们已经分析过中国新消费品牌蓬勃发展的六大背景和新消费品牌的"四新特征"。新的消费人群、新的科技发展、新的消费场景和新的营销技术，这"四新特征"是动态升级的，是不断变化的，那就必然会推动新消费品的发展。

第二，新消费品牌运营的底层逻辑不变。

新消费品牌注重供应链管理、持续创造用户价值、渠道建设、品牌建设、顾客忠诚度的建立。这些底层逻辑是建设消费品牌的一块块木板，缺少了哪一块都要重新补上。回归到消费品牌的本质特征上，更多关注"不变"的底层逻辑，才是正道。

第三，中国消费品牌从中国走向世界是不变的大趋势。

据欧晰析企业管理咨询公司（OC&C Strategy Consultants）发布的《2022年度全球50大快速消费品企业报告》，在按2021年营业额数据排名的全球快消品企业50强中，前十名分别为：雀巢、百事、宝洁、JBS、联合利华、百威英博、泰森食品、可口可乐、欧莱雅和英美烟草。中国上榜的五家企业依次是：万洲国际（17位）、伊利（27位）、贵州茅台（32位）、蒙牛（35位）和康师傅（40位）。中国还没有一家企业能进入前十名。随着中国国际地位和国际影响力的提升，我们有充分的理由相信，中国的消费品牌逐步迈向全球市场并占据优势地位是大势所趋。

第二章

何谓品牌营销

市场营销的实践古已有之,而市场营销学作为一门企业经营的专门学问则诞生于 20 世纪初期,它是伴随着西方工业经济的发展而建立起来的学科。品牌营销是品牌化的营销,本章将主要介绍有关营销和品牌的基础概念,这将有助于我们完整地理解新消费品牌营销的过去和现在。

> **品牌故事**

完美日记——一条不太完美的营销之路

完美日记是广州逸仙电子商务有限公司（成立于2016年，以下简称"逸仙电商"）旗下的美妆品牌。完美日记致力于探索欧美时尚趋势，同时结合亚洲人群的面部和肌肤特点，用心为新生代女性研发一系列高品质、精设计、易上手的彩妆产品。完美日记以美妆行业的"大牌平替"身份出现，仅仅用了四年时间，即在2020年11月登陆美国纽交所成功上市，成为第一家在美国上市的"国货美妆品牌"。

我们先看一组它的业绩成长数据：2016年公司成立，2018年的销售额为6亿元，2019年的销售额为38亿元，2020年的销售额为52.3亿元，2021年的销售额为58.4亿元。这家新锐公司，业绩从0增长至58亿元，仅仅用了四年的时间，可算是精彩异常，远远超越了行业的普遍预期。下面是完美日记的大事记。

2017年，品牌面世。

2018年10月，成为国际知名的服装设计师Masha Ma巴黎时装周指定美妆品牌。

2018年，获芭莎美妆大奖"年度最佳眼影奖"。

2018年，获"黑天鹅未来品牌·年度最佳新锐品牌"。

2019年6月，与大都会艺术博物馆联名推出小金钻口红。

2019年6月，在天猫"00后"粉丝占比最高的国货品牌中位居第二。

2019年9月25日，被广东省网商协会评为"2019最IN新消费品牌"之一。

2019年10月31日，被《第一财经》杂志评为"年度国民新国货"。

2019年10月，与《中国国家地理》联名推出眼影。

2019年天猫"双11"全球狂欢节，完美日记成为11年来第一个登上天猫"双11"彩妆榜首的国货品牌，并创下多个第一：眼影品类销售额第一；唇釉品类销售额第一；睫毛膏品类销售额第一；眼线品类销售额第一。

2019年11月15日，胡润研究院发布"世茂海峡·2019三季度胡润大中华区独角兽指数"，完美日记以70亿元的估值上榜。

2019年12月，包揽了天猫2019全年大促彩妆冠军。

2019年，获"ELLE美妆大赏创意跨界实力奖"。

2019年，入选青年泛时尚新势力榜单"硬核"跨界单品。

2019年，获红秀美妆大奖"高冷玩家奖"。

2019年，获时尚Cosmo美容大奖"Pink Power环保公益奖"。

2019年，获WWD Beauty Inc×MEIYA Awards国际美妆产业大赏"年度新品牌奖"。

2019年，获The World Brands Foundation化妆品最佳品牌奖。

2019年连续17个月成为天猫眼影品类销售冠军。

2020年2月，发布Never小狗眼影盘。

2020年3月，携手《人民日报》打造品牌公益短片。

2020年4月，发布全新视觉标识。

2020年4月，成为天猫No.1彩妆品牌。

2020年8月8日，以60.78亿元的品牌价值名列"2020中国品牌节年会500强"榜单第244位。

2020年，探险家十二色动物眼影盘荣获"年度TOP单品"。

2020年，哑光唇釉荣获"年度最佳口红"。

2020年，经典小黑盖粉底液荣获"年度最佳粉底"。

2021年，在艾媒金榜（iiMedia Ranking）发布的"2021年女神节·中国口红品牌线上发展排行榜单TOP10"榜单中位居第五。

我之所以比较详细地罗列了完美日记的大事记，是为了让大家看到一个高光时刻的完美日记是如何打造品牌的光辉形象的。但是，完美日记自上市之日起，它的完美形象就开始从顶峰迅速跌落。与其光辉的"前史"相对应的是，完美日记母公司自上市起就陷入巨大的亏损。根据财报，逸仙电商在2022年第二季度的净亏损仍高达2.64亿元。公司股票市值也一路狂跌不止，仅仅不到两年，市值就跌去了九成以上。有数据显示，在2022年天猫"双11"大促期间，完美日记已经跌出了美妆行业总榜单前十名。

一个在产品创新、价格创新、渠道创新和推广创新上都非常有看点的品牌，为何这么快就跌落神坛？而几乎同时期发展起来的彩妆品牌"花西子"却仍然在稳步向前。

根据统计数据，2018年至2021年逸仙电商的营销费用分别为3.09亿元、12.51亿元、34.12亿元、40.06亿元。营销费用所占年度营收的比重，从2018年的48.2%上涨至2021年的68.6%。从市场营销的角度看，完美日记正是被它所谓的"营销"所困。

那么，什么才是真正的"营销"呢？

2.1 营销的基本原理

1. 什么是市场营销

市场营销包括"市场"和"营销"两方面。

什么是市场？市场在经济学中是指买主和卖主进行交换的场所。其在现代市场营销学中指的是某种产品的实际购买者和潜在购买者的集合，即指的是人。市场包含三个要素：有某种需要的人，这些人要有购买能力以及购买欲望，三者缺一不可。

什么是市场营销？市场营销不同于销售和促销。有关市场营销的定义在不同的年代有不同的解释。最简单的描述就是，管理有价值的客户关系（菲利普·科特勒）。

美国市场营销协会（AMA）给出的定义为：营销既是一种组织职能，也是为了组织自身及利益相关者的利益而创造、沟通、传递客户价值，管理客户关系的一系列过程。

日本市场营销协会（JMA）扩大了对营销概念的描述，指出：营销是包括教育机构、医疗机构、行政管理机构等在内的各种组织，基于与顾客、委托人、业务伙伴、当地居民、雇员及有关各方达成的相互理解，通过对社会、文化、自然环境等领域的细致观察，而对组织内外部的调研、产品、价格、促销、分销、顾客关系、环境等进行整合、集成和协调的各种活动。

被称为现代营销学之父的菲利普·科特勒教授在其最新出版的《市场营销：原理与实践》（第 17 版）中，更进一步把营销定义为：通过为顾客创造价值和从顾客处获得价值以影响和感化顾客，并建立可持续的顾客关系的过程。我认为这个定义比较全面地概括了当代营销学界对营销概念的最新理解。

2. 市场营销学三组最核心的关键词

第一组关键词：顾客的需要、欲望和需求。

市场营销中最基本的概念是人类的需要。人类的需要是人类一种感到缺乏的状态，包括对食物、服装、温暖和安全的基本生理需要，对归属和情感的社会需要，以及对知识和自我表达的个人需要。这些需要不是由营销者创造出来的，而是人与生俱来的。

欲望是人类需求的表现形式，受到文化和个性的影响。欲望受一个人的社会背景所影响。如，中国的北方人多吃面条，南方人多吃米饭；美国人多吃汉堡包，中国人多吃炒菜。

欲望对于有购买能力的人群才能成为真正的"需求"。市场营销人员就是要探究不同人群的欲望，并根据不同人群的购买能力，开发真正有需求的产品。需求是市场营销的起点。

第二组关键词：交易和交换。

交易是一个事件，交换是一个过程，交易是交换的基本单元。市场营销的过程就是完成一个又一个的交易。但是交易又不等同于交换，交换更多强调的是双方交易之后都获得了称心如意的结果。用通俗的语言来讲，营销者获得了金钱，顾客获得了产品、满足了需求，双方的交换是等同的，谁也不会吃亏。但是我们经常看到，很多企业进行的只是交易行为而非交换行为。一次交易过后，有一方感到不满意就会停止下一次的交易行为。从营销的角度来看，企业要追求的是平等互利的交换行为。

第三组关键词：顾客满意和顾客价值。

企业交付产品是为了追求顾客的满意，顾客满意是企业创造产品的初衷，违反这一初衷，企业就不能长久生存。顾客满意了就会重复购买，重复购买就是企业创造顾客价值的过程。顾客满意和创造顾客价值是管理顾客关系的核心所在。市场营销的终极目的不是卖产品，而是管理顾客关系。

2.2 品牌的基本概念

品牌的内涵如此丰富，可说的内容如此之多，即使你随便问一个人什么是品牌，他都能说上几句。这就如同盲人摸象，谁都有话可说，谁都认为自己是正确的，但谁也都是一知半解。综合营销界对品牌的主流定义，我们可以将其归纳为四种学说。

第一种，品牌符号说。

美国市场营销协会指出：品牌是一个"名称、专有名词、标记、符号或设计，或是上述元素的组合，用于识别一个销售商或者销售商群体的商品与服务，并且使它们与其竞争者的商品与服务区分开来"。

美国营销学大师菲利普·科特勒指出：品牌是一个名称、名词、符号或设计，或者是它们的组合，其目的是识别某个销售者或某群销售者的产品或劳务，并使之同竞争对手的产品或劳务区别开来。

第二种，品牌形象说。

世界知名广告大师大卫·奥格威指出：品牌是一种错综复杂的象征，它是品牌的属性、名称、包装、价格、历史、声誉、广告风格的无形组成。

第三种，品牌品类说。

定位理论的开创者杰克·特劳特和艾·里斯指出：品牌就是某个品类的代表或者代表某个品类的名字。建立品牌就是要实现对某个品类的主导，成为某个品类的第一。当消费者消费某个品类首先能想到这个品牌时，我们就可以说你建立了真正的品牌。

第四种，品牌关系说。

著名品牌战略管理大师凯文·凯勒指出：品牌的力量存在于

消费者的心中，品牌在消费者心中构建起了强烈、独特、美好的品牌知识（包括产品知识、视觉形象、购买体验、品牌联想等），进而达成持续销售、兑现品牌溢价、实现品牌的可持续发展的目标。

那么品牌的定义到底是什么呢？

在综合了上述四种学说后，我总结出了一个"真品牌"的概念。

对"真品牌"的定义，很难用一句话来描述，我也只能用四句话来说明它。

首先，品牌是一套商标系统。它是一套能看得见的视觉识别系统（VIS）和看不见的行为识别系统（BIS）。

其次，品牌代表了某类商品的属性。你在看到某个商标时，就能想到它背后的商品属性。

再次，品牌也代表着某种个性和价值观。如果把品牌当作一个人，你能描述出他是一个什么样的人，他有什么个性特点以及他有什么样的价值观。在新消费时代下，品牌更是一种个性化的识别体系（PI）。

最后，品牌是一种资产，是企业推动其长期发展的主动力。品牌既可以助力产品与消费者建立长久的关系，也可以助力产品产生更多的产品溢价，获得更多的利润空间和保持更强大的竞争力，维护企业的长期发展。

我们在明确了品牌的基本内涵之后，就有必要再探讨一下营销与品牌的关系。科特勒教授在其最新的《市场营销：原理与实践》(第17版)中，把品牌作为7T营销战术组合的一部分。他认为"品牌"是"营销"的一部分。其实，我们应该把品牌问题分成两个议题：一个是"什么是品牌"，另一个是"品牌化"。前一个议题可以视为营销的结果，后一个议题是把"品牌化"作为营销的手段之一。在成为品牌之前，品牌化的发展也是营销发展的一个手段和工具。对这个问题我们在后面的章节中还会有更加深刻的阐述。

2.3 市场营销学十大经典名词解析

市场营销学领域"名词辈出"，每年都会有很多新的名词诞生。但很多名词都是换汤不换药的变种。了解最原始的营销名词，有助于我们穿越种种新词的迷雾，从最经典的角度来感受营销的真谛。

1. STP 营销战略理论

STP 营销战略理论是企业制定营销战略的精髓，是一套简单可行的思维模型。STP 营销战略理论是由美国著名营销学家菲利普·科特勒在总结前人理论的基础上提出的一种制定市场营销战略的方法。它包括市场细分、选择目标市场、确定市场定位三个部分，指企业在一定的市场细分基础上，首先选择目标客户，其次确定目标市场，最后进行市场定位。

2. 4P 营销理论

4P 营销理论（the marketing theory of 4Ps）是关于营销战术组合的理论，诞生于 20 世纪 60 年代的美国。1960 年，美国密歇根州立大学的杰罗姆·麦卡锡教授在其《基础营销学》一书中将营销战术组合中的要素概括为四类，即产品（product）、价格（price）、渠道（place）、促销（promotion）。这本书是 4P 营销理论的奠基之作。

1967 年，菲利普·科特勒在其畅销书《营销管理》中进一步确认了以 4P 为核心的营销组合方法，即产品（product）：产品是企业开展营销活动的基础，产品要有独特的卖点。价格（price）：根据不同的市场定位，制定不同的价格策略。价格策略是企业营销实践中唯一一个具有利润导向的环节。渠道（place）：即企业的分销策略，解决产品如何送达消费者的问题。当今直达用户（DTC）品牌营销模式方兴未艾，但是多平台、多层级的分销体系仍然是企业面临的巨大挑战。推广（promotion）：不能将推广狭义地理解为"促销"。推广应当包括品牌宣传（广告）、公关、促销等一系列营销行为。

3. USP 理论

独特的销售主张（unique selling proposition），简称 USP 理论，又可称为创意理论，20 世纪 50 年代初首先由美国人罗瑟·瑞夫斯（美国广告名人堂中的五位大师之一）提出。USP 理论要求品牌向消费者说出一个"独特的销售主张"，其特点是必须向消费者陈述产品的卖点，同时这个卖点必须是独特的、能够带来销量的。

4. 品牌形象论

品牌形象论（brand image，BI）是由美国广告大师、奥美公司创始人大卫·奥格威在 20 世纪 60 年代中期提出的创意观念。品牌形象论是广告创意策略理论中的一个重要流派。在此理论的影响下，出现了大量优秀的、成功的广告。他认为品牌形象不是产品固有的，而是消费者通过联系产品的质量、价格、历史等而形成的。此观念认为每一则广告都应该是对整个品牌的长期投资。因此，每一个品牌、每一个产品都应该发展和投射一个形象。消费者购买的不只是产品，还有产品承诺的物质利益和心理利益。在广告中诉说的产品有关事项，对消费者购买决策的影响常比产品实际拥有的物质属性更为重要。

5. 整合营销传播

整合营销传播（integrated marketing communication，IMC）概念诞生于 1992 年。在这一年，美国西北大学营销学教授唐·舒尔茨及其合作者斯坦利·田纳本、罗伯特·劳特朋合作出版了《整合营销传播》。

美国广告代理商协会（American Association of Advertising Agencies，4As），简称美国广告公司协会，是这样给整合营销传播进行定义的：整合营销传播是一个营销传播计划的概念，要求充分认识用来制订综合计划时所使用的各种带来附加值的传播手段——如普通广告、直接反映广告、销售促进和公共关系——并将之结合，提供具有良好清晰度和连贯性的信息，使传播影响力最大化。

6. 品牌资产

品牌资产（brand equity）是 20 世纪 80 年代营销研究和实践领域新出现的一个重要概念。20 世纪 90 年代以后，戴维·阿克（1991）、卡普费雷（1992）、凯文·凯勒（1993）等人逐步提出并完善了基于消费者的品牌权益（customer-based-brand-equity）概念。在中文语境中，通常用"品牌资产"（而不是品牌权益）指代 brand equity。

品牌资产是与品牌、品牌名称和标志相联系的，能够增加（或减少）企业所销售产品或服务的价值的一系列资产（或负债）。它主要包括五个方面，即品牌忠诚度、品牌认知度、品牌知名度、品牌联想、其他专有资产（如商标、专利、渠道关系等）。它们通过多种方式向消费者和企业提供价值。

品牌资产具有以下四个特点：

①品牌资产是无形的；

②品牌资产以品牌名字为核心；

③品牌资产会影响消费者的行为，包括购买行为以及对营销活动的反应；

④品牌资产依附于消费者，而非依附于产品。

7. 关系营销

关系营销（relationship marketing）是指把营销活动看成是一

个企业与消费者、供应商、分销商、竞争者、政府机构及其他公众发生互动作用的过程,其核心是企业建立和发展与公众的良好关系。

得克萨斯州 A&M 大学的伦纳德·L.贝瑞教授于 1983 年在美国市场营销协会的一份报告中最早对关系营销做出了如下的定义:"关系营销被用于吸引客户、维持和增强客户关系"。1996 年他又给出更为全面的定义,即关系营销是企业为了达成自身和相关利益者的目标而进行的识别、建立、维持和促进活动,以发展同消费者的关系,并在必要时终止关系的互利交换行为。

工业市场营销专家巴巴拉·B.杰克逊从工业营销的角度将关系营销描述为"关系营销关注于吸引、发展和保留客户关系"。

摩根和亨特从经济交换与社会交换的差异来认识关系营销,认为关系营销是"旨在建立、发展和维持关系交换的营销活动"。

顾曼森则从企业竞争网络化的角度来定义关系营销,认为"关系营销就是市场被看作关系、互动与网络"。

8. 绿色营销

绿色营销是在人们追求健康(health)、安全(safe)、环保(environment)的意识下所发展起来的新的营销方式和方法。

所谓"绿色营销",是指社会和企业在充分意识到消费者日益提高的环保意识和由此产生的对清洁型无公害产品需要的基础上,发现、创造并选择市场机会,通过一系列理性化的营销手段来满足消费者的需要以及社会对生态环境发展的需要，实现可持续发展的过程。

绿色营销的核心是按照环保与生态原则来选择和确定营销组合策略，是一种建立在绿色技术、绿色产品和绿色经济基础上的，对人类的生态关注给予回应的经营方式。

9. 体验营销

体验营销指的是，通过看（see）、听（hear）、用（use）、参与（participate）的手段，充分刺激和调动消费者的感官（sense）、情感（feel）、思考（think）、行动（act）、联想（relate）等感性因素和理性因素，对思考方式进行重新定义和设计的一种营销方法。

10. 定位理论

定位理论是由美国著名营销专家艾·里斯与杰克·特劳特于20世纪70年代提出的。里斯和特劳特认为，定位要从一个产品开始，该产品可能是一种商品、一项服务、一个机构甚至是一个人，也许就是你自己。但是定位不是你对产品要做的事，而是你对预期消费者要做的事。换句话说，你要在预期消费者的头脑里给产品定位，确保产品在预期消费者的头脑里占据一个真正有价值的地位。

定位理论的核心原理是"第一法则"，即要求企业必须在消费者心智中有别于竞争对手，成为某领域的第一，以此引领企业经营，赢得更好的发展。

定位理论的精髓是"五大心智模式"和"九大差异化定位方法"。

（1）五大心智模式包括：

①消费者只能接收有限的信息；

②消费者喜欢简单，讨厌复杂；

③消费者缺乏安全感；

④消费者对品牌的印象不会轻易改变；

⑤消费者的心智容易失去焦点。

（2）九大差异化定位方法包括：

①成为第一；

②占据特性；

③领导地位；

④经典；

⑤市场专长；

⑥最受青睐；

⑦制造方法；

⑧新一代；

⑨热销。

2.4　品牌管理学大师戴维·阿克和凯文·凯勒的品牌模型简介

在品牌学的发展历史上，两位顶级品牌管理学大师戴维·阿克和凯文·凯勒奠定了现代品牌学的基础理论框架，对品牌资产的定义、识别、检测和构建方法等问题做出了较为系统的思考。

首先我们来介绍戴维·阿克的品牌资产五星模型。戴维·阿克是美国加利福尼亚大学伯克利分校哈斯商学院的营销学教授。戴维·阿克在其1991年出版的《管理品牌资产》一书中首先提出了品牌资产五星模型。他认为品牌是由品牌忠诚度、品牌知名度、感知质量、品牌联想和其他专属资产五个部分共同组成的，见图2-1。

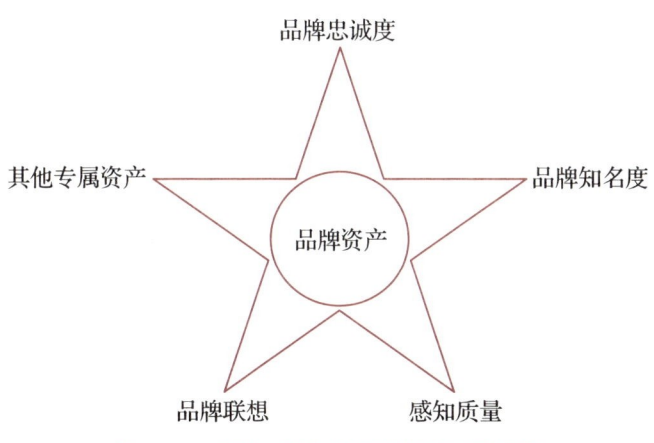

图 2-1 戴维·阿克的品牌资产五星模型

在后来的30年间，阿克又不断补充更新：他先把其他专属资产删掉，然后把感知质量归入品牌联想中。他最新的模型只有三个指标：品牌知名度、品牌忠诚度和品牌联想。

我们再来看另一位品牌管理学大师凯文·凯勒的顾客资产（CBBE）模型。凯文·凯勒在美国杜克大学获得营销学博士学位后，加入美国加利福尼亚大学伯克利分校，跟随阿克从事品牌学研究。其于1998年出版的《战略品牌管理》被学界赞誉为"品牌圣经",至今,该书已经更新到第五版了。

顾客资产模型的重点是以顾客为基础,从理性和感性两个层面来构建每一个板块,相对弥补了阿克的理论在具体企业实践中可操作性的不足。凯文·凯勒首先提出,品牌资产包括六个部分,分别是显著度、功效、形象、判断、感受和共鸣(见图2-2)。

品牌创建的步骤

4.品牌共鸣
你和我的关系如何?

3.品牌响应
你对这个品牌的产品感觉如何?

2.品牌含义
这个品牌的产品有什么用途?

1.品牌识别
这是什么品牌?

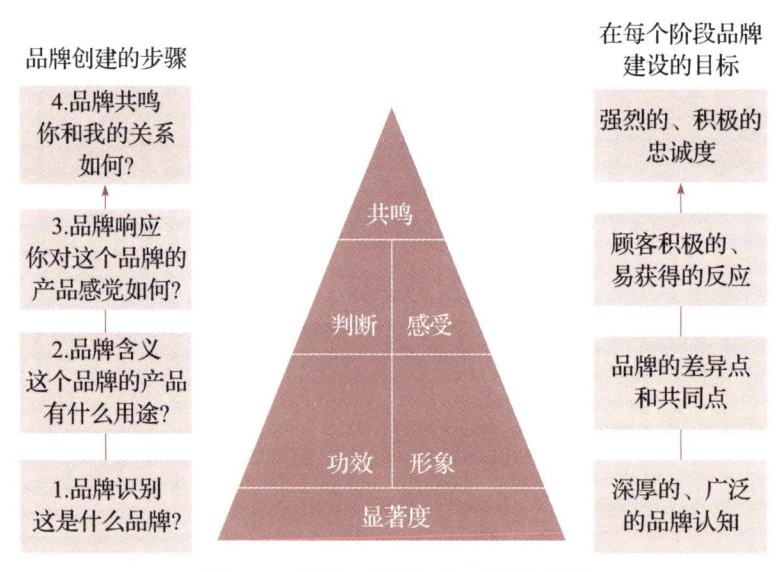

共鸣

判断　感受

功效　形象

显著度

在每个阶段品牌建设的目标

强烈的、积极的忠诚度

顾客积极的、易获得的反应

品牌的差异点和共同点

深厚的、广泛的品牌认知

图2-2　凯文·凯勒的顾客资产模型

围绕这六个方面,品牌创建从下到上共有四个步骤。

第1步:品牌识别

在第1步中,要明确:这是什么品牌。你要建立你的"品牌显著度"。你需要让你的品牌脱颖而出,并让客户意识并认可这一点。在这里你不仅要建立品牌形象和知名度，还得试图确保客户在购买过程的关键阶段"正确"理解品牌认知。

第2步：品牌含义

在第2步中，要明确：这个品牌的产品有什么用途。你的目标是识别并传达你的品牌及其含义。此步骤中的两个基本要素是"功效"和"形象"。"功效"是指你的产品满足客户需求的程度。根据该模型，功效包括五个类别：主要特征；性能，即产品的可靠性、耐用性和可维修性；服务的有效性、效率和同理心；风格和设计；价格。"形象"是指你的品牌在社会和心理层面满足客户需求的程度。你的品牌可以根据客户对产品的亲身体验直接满足这些需求，或通过定向营销或口口相传的方式来间接满足。

第3步：品牌响应

在第3步中，要明确：你对这个品牌的产品感觉如何。

客户对你的品牌的反应一般可分为两类："判断"和"感受"。客户不断对你的品牌做出判断，这些判断可分为四个关键类别：一是质量，即客户根据产品或品牌的实际质量和感知质量来对其进行判断；二是信誉，即客户根据专业知识（包括创新）、可信赖性和可信度三个方面来判断信誉；三是注意事项，即客户判断你的产品与他们的独特需求之间的相关性；四是优势，即与竞争对手的品牌相比，客户怎样评估你的品牌优势。

此外，客户还会根据自己对你的品牌的感受来回应你。你的品牌可以直接唤起客户的感受，但是客户也会对品牌如何使自己产生感受做出情感反应。凯勒提出了六种积极的品牌感受：温暖、有趣、激动、安全、社交认可和自尊。

第4步：品牌共鸣

在第4步中，要明确：你和我的关系如何。品牌共鸣位于顾客资产金字塔的顶端。当客户与你的品牌产生深厚的心理联系时，你就已经获得了品牌共鸣。凯勒将共鸣分为以下四类：

一是行为忠诚度：包括定期重复购买。

二是态度依恋：你的客户喜欢你的品牌或产品，他们认为这是一种特别的购买行为。

三是社区意识：你的客户与品牌相关人员（包括其他消费者和公司代表）感受到社区意识。

四是积极参与：这是品牌忠诚度的最有力证明。客户会积极参与你的品牌，即使他们没有购买或消费它。这可能包括加入与该品牌有关的俱乐部，参与在线聊天、营销集会或活动，在社交媒体上关注你的品牌，或参加其他外部活动。

2.5 专题：品牌与营销和定位的关系

品牌与营销、品牌与定位，是两对很难辨清关系的概念。你即使有多年的营销经验，往往也很难说清楚品牌与营销、品牌与定位之间究竟有什么相同之处或不同之处。比如，人们经常把营销称为品牌营销，把品牌定位理论视为构筑品牌的唯一方法论。

其实，在我看来，这两对概念还是有本质上的不同。下面我将用最简单的方式来描述我所理解的这两对核心概念的异同。只有清楚了它们之间的异同，我们才能更好地理解在企业营销的过程中，在不同阶段应该采取的不同策略导向。

首先，"营销"是一个过程。"营销"是"市场营销"的简称，其中"市场"是人群，"营"是方法和手段，"销"是一个结果。对于"市场营销"，最简单的理解就是把产品销售给某类人的过程。在这一过程中，我们需要使用若干方法和手段。"品牌"也是一个结果，它是"品牌化"的一个结果。企业也可以只做"营销"，而不做"品牌"。比如，我们公司生产扫帚，我们只需要把扫帚销售给用户，而并不需要将它做成一个品牌。还有大量的各类产品，经营者只希望完成交易过程，获得交易利润，因此他们也不需要去做品牌化的营销。从这个角度来看，"营销"是一个"把产品销售给用户"的过程，"营销"并不意味着"品牌化"的结果，只有实施"品牌化"的营销过程才能形成"品牌"。因此，可以说，"品牌化"是"营销"的手段之一。不采用"品牌化"的企业也有很多，很多产品也不宜品牌化。其实从更深层次来看，绝大多数的消费品牌只进行了营销的过程，而没有进行"品牌化"的过程。这也是很多"网红品牌"不能成为"长红品牌"的一个主要原因。另外，"品牌化"的时机选择和阶段选择也很重要。后面的章节对此还会有更多的阐述。

我在这里讲一个很有意思的故事。2015年，已经94岁的营销学大师列维被西北大学凯洛格商学院请回母校授课。当他讲到"品牌化是营销的中心概念"时，同样作为营销学大师的科特勒教授站起来直接反驳道："营销本身就是中心概念，品牌只是其中的一部分"。这两位营销学顶级大师为什么会对这一对营销学最基本的概念产生认知分歧呢？其实，这种理解差异直接决定了一个企业在真实的运营中，组织资源开展营销活动的优先级以及对轻重缓急事件的安排。科特勒在其最新的《市场营销：原理与实践》（第17版）中，把"品牌"作为其最新提出的"7T营销战术组合"中的一个。我是比较认可这一划分的。

本书的中心议题是"品牌营销"，因此我在书中探讨的都是针对新消费产品的品牌化营销策略。如果你没有打算做自己的品牌，而只是做产品交易，那么对你而言本书中讲述的一些方法论可能就超越了一般意义上的"营销"概念。

我们再看一下品牌与定位的关系。最近几年，以定位理论为指导思想的品牌管理咨询公司得到了快速发展，比如以"里斯战略定位咨询"和"华与华营销咨询"为代表的一批国内外营销战略咨询公司。它们并不一味讲究品牌的调性，而重点突出品牌的辨识度，着力打造品牌的品类特征和识别度，以期在消费者的头脑中留下独特的印记。这种简单粗暴的品牌定位和品牌设计理念，的确推动了一批新消费品牌快速增长，比如蜜雪冰城。

难道这种方法有错吗？科特勒咨询集团（KMG）中国区管

理合伙人王赛博士对这一问题有非常好的理解。他认为定位是做"认知",是"一箭穿脑"的做法;而品牌是做"认同",是"一箭穿心"的做法。王赛博士的理解是:定位的确是一个非常锐利的武器,可以帮助企业快速切开市场的口子,而若只做好用户认知,并不意味着用户就会买单。品牌是什么?品牌是连接"建立用户认知"和"构筑情感连接"的桥梁。因此,"做品牌"有着更为丰富的内涵,定位只是做品牌的一个重要环节而已。

2.6 专题:为什么说发了 2 万篇小红书笔记也不能算是在做品牌

网络上有一种流传甚广的对做新消费品牌营销的认知,其主要内容是说,你在小红书上发 2 万篇笔记,在抖音上发 8 000 条视频,在 B 站上发 3 000 条视频,在知乎上发 2 000 篇文章,找知名主播直播带货,拍一条有格调的视频并放在得物上,花钱将产品放进天猫单品前十,做完这些事情,一个品牌就诞生了。这一套操作下来(花费 2 000 万~3 000 万元)你的品牌就立起来了。

难道新消费品牌如此好做吗?这是对"什么是品牌"的极大误解。

我们在上文中已经比较详细地阐明了品牌的内涵。通过上文对凯勒教授"品牌资产"六个维度的描述,我们就能清晰地发现，你发了 2 万篇小红书笔记还不能算做品牌的根本原因。充其量，在社交媒体上做广泛的宣传，仅仅是一种广告传播手段。发了这么多篇内容之后，你的品牌也许可以覆盖潜在目标人群，也有了一些知名度，但离"真品牌"还差得远呢！

"真品牌"的核心是与用户建立起一种密切的关系，并且还要对这种关系不断修正和深化，要建立品牌的认知度、美誉度和忠诚度，更好地满足用户的需求——品牌追求的是用户的长期价值。可以说，现有的社交平台和内容平台让我们能以更低的价格、更精准的方式将自己的品牌触达我们想要的人群，但能否与用户建立起信任关系，仍需要更大的叙事架构，要在更多的方面下大功夫。

| 第三章 |

新消费品牌的营销原理

中国新消费品牌的诞生与成长,有其自身的历史环境和运营特点。西方经典的营销原理和实操方法在某种程度上需要矫正和发展。本章归纳了中国新消费品牌营销的底层逻辑和一套操作体系,并将其分别称为 ITR 营销原理和策略。它们也将作为框架结构贯穿本书后半部分。

品牌故事

花西子——国风品牌的美丽畅想

花西子于2017年3月8日诞生于中国杭州,是一个以"东方彩妆,以花养妆"为理念的彩妆品牌。花西子探索中国千年古方养颜智慧,针对东方女性的肤质特点与妆容需求,以花卉精华与中草药提取物为核心成分,运用现代彩妆研发制造工艺,打造健康、养肤、适合东方女性使用的彩妆产品。

创立于2017年的花西子,在短短五年时间里就成长为国货彩妆头部品牌,其商业版图也已开始从中国本土走向全球。

在中国市场,花西子2021年的成交额(GMV)即突破54亿元。2022年"双11"预售战报显示,花西子在天猫平台1分钟的成交额破千万元,60分钟破亿元;预售首日4小时即位列天猫彩妆品牌榜第六,国货榜第一。

在海外市场,花西子的产品已销往日本、美国和欧洲的多个国家和地区。其中,通过电商平台覆盖的国家和地区有100多个,在海外开通独立站的国家和地区有46个。

花西子品牌发展中的大事记:

2017年3月8日,诞生于杭州西湖畔。

2017年8月,入驻天猫,开设花西子旗舰店。

2019年4月10日,研发的"雕花口红"上市。

2019 年 5 月 8 日，鞠婧祎作为花西子首位代言人，与花西子共同传播东方彩妆的美学和养颜智慧。

2019 年 9 月，携手三泽梦首登纽约时装周。

2019 年 9 月 28 日，正式官宣李佳琦担任花西子首席品牌推荐官。

2019 年 11 月，以"西湖十景"为灵感，重磅推出"西湖印记定制礼盒"。

2020 年 1 月 24 日，正式官宣杜鹃担任花西子的形象代言人，与花西子共同向世界演绎东方大美。

2020 年 4 月 21 日，歌手周深出任花西子品牌大使。

2020 年 6 月 29 日，由方文山作词、陈致逸作曲、周深演唱的歌曲《花西子》上线 QQ 音乐。

2020 年 8 月 25 日，在"七夕"节推出"齐眉同心妆匣"限定礼盒。

2020 年 10 月，推出年度重磅巨制产品——"苗族印象高定系列产品"。

2020 年 10 月 7 日，携《人民日报》新媒体及李佳琦共同推出《非一般非遗》纪录片，探索苗银的守护与传承。

2020 年 10 月 24 日，携手盖娅传说亮相"2021 春夏中国国际时装周"，带来一场梦幻般的东方视觉盛宴。

2020 年 10 月 25 日，登上美国纽约时代广场纳斯达克大屏，发布了"苗族印象"产品的巨幅海报。

2021年1月1日，推出全新品牌页面视觉系统，"东方美学"走出新高度。

2021年2月，品牌四周年之际，正式官宣时代少年团成为花西子品牌大使。

2021年3月1日，进驻亚马逊（日本）首日，多款产品售罄，品牌全球化战略正式开启。

2021年5月，受邀成为第十届中国花卉博览会"独家彩妆合作商"，"并蒂同心妆匣"（花博会定制版）被选定为花博会指定伴手礼。

2021年6月1日，正式对外公布了品牌虚拟形象——"花西子"。

2021年8月12日，原创"花影动画"《张敞画眉》上线。该动画以独特的东方风格讲述中国传统爱情故事：张敞画眉。

2021年8月12日，母公司宜格集团全新自有综合研发中心正式投入使用。

2021年10月，迪拜世博会正式开幕，花西子成为中国馆指定彩妆产品。花西子傣族印象系列首次亮相：融傣族花植成分，定制新研配方，持续传递中华民族之美。

2021年11月26日，美国"黑五"大促当天，花西子海外官网的整体销售量比平时翻倍增长，傣族印象限定版同心锁口红卖断货。

2021年12月，联合北京工商大学中国化妆品研究中心易帆副教授团队等，发布首个《东方本色：基于皮肤本态的中国女性肤色伴随特点研究》报告。

2022年1月，全球顶级美妆博主"J姐"Jeffree Star在社交网站上推送了自己2022年的第一条美妆测评视频，花西子高光、空气蜜粉和同心锁口红三款产品获得了她的正式认可和推荐。

2022年1月11日，抖音电商发布2021年度榜单，花西子领跑"抖音电商美妆年度排行榜"。此前，花西子天猫旗舰店已登顶"2021年天猫彩妆店铺榜"。

2022年1月，发布了对"中国妆"的解读，提炼出"细长眉""眼下彩""点珠唇"这三个具有东方时尚感的中国妆容要素。此前，花西子持续打造了"二十四节气妆容""七夕锁爱妆"等创意妆容。

2022年2月，位居"2021年度最受用户偏爱国妆品牌"榜首。

2022年2月28日，官宣刘诗诗出任卸妆全球代言人。

上面之所以比较详细地列出了花西子在品牌发展的前几年所做过的一些大事，主要是为了比较全面地展示花西子是如何一步步走向成功的。

第一，花西子在品类选择上瞄准的是彩妆行业。彩妆行业市场规模大，成长速度快。根据灼识咨询（CIC）的数据，2019年我国美妆市场的规模达到388亿美元，预计2019—2025年市场规模复合年均增长率（CAGR）将达到10%，其中2019—2025年彩妆、护肤市场的CAGR将分别达到14.2%、8.8%。化妆品市场仍在蓬勃发展，尤其是彩妆市场未来三年仍将保持两位数的增速。

第二，花西子的国风品牌理念在市场上独树一帜。

名称由来：花西子中的"花"是指"以花养妆"。"西子"指西湖，亦指西施。"西子"二字取自苏东坡诗句"欲把西湖比西子，淡妆浓抹总相宜"。同时，西子亦是对西施的尊称，西施是中国古代四大美女之一。花西子希望中国女性无论浓妆还是淡抹，一如西子般美丽动人。花西子的品牌理念是：东方彩妆，以花养妆。

花西子的品牌色"黛色"取自传统画眉矿石颜料，是一种极具东方韵味的颜色；品牌 Logo 的灵感来自江南园林轩窗；品牌视觉符号"并蒂莲"则有古今双生的意味。

花西子联合创始人飞慢曾公开表示，对中国美学和传统文化的探索是花西子与生俱来的使命，早就写进了品牌的 DNA 中。

第三，从产品端来看，花西子真正将文化概念深度融入产品研发之中。以花西子最早成名的定妆散粉为例，2022 年"双 11"推出的新品"玉容纱粉饼"，就是将创新复刻的养颜古方"玉容散"配方加入现代工艺的粉饼中。在天猫"双 11"预售日，25 万盒定妆新品"玉容纱粉饼"在头部主播直播间即刻售罄，成为"双 11"的爆款单品。

2022 年，花西子还与《中国传统色：故宫里的色彩美学》的作者郭浩合作，为新品唇纱创造了"洛神珠""椒房殿""退红粉""螺子黛"四种中国色。

花西子在产品研发上，真正把中国文化符号、传统原材料、传统手工艺和传统色彩进行深度整合，并由此构建起一套有自己独特风格的产品创新研发体系。

第四，从价格端来看，花西子的产品重点布局在100～200元的价格区间，这个价格带处于国际品牌和国内大量低端品牌的价格真空地带，竞争相对较小。

第五，从推广端来看，花西子充分利用线上流量红利和网红经济效应，成功"押宝"淘宝超头部主播李佳琦。公开数据显示，2019年9月，李佳琦成为花西子首席品牌推荐官。当年花西子的销售额突破10亿元大关，同比2018年暴涨25倍。其中李佳琦直播销售额占花西子全渠道总销售额的18%左右。2020年花西子全渠道总销售额突破30亿元，其中由李佳琦带动的销量占比接近5%。可以看出，李佳琦带给花西子的品牌溢出效应是非常大的，但这种绑定同时也对花西子的品牌形成了巨大风险。

第六，听取用户心声，追求用户的最佳体验。2018—2019年间，李佳琦就结合用户反馈开始参与花西子产品的设计研发。合作期间，花西子与李佳琦共创了民族文化系列产品，包括苗族印象、傣族印象等多个文化主题。除了通过头部主播洞察用户需求和喜好外，花西子在创立早期就在内部建立了"用户体验官"机制。花西子最早通过微博招募种子用户进行产品共创，现在仍可以在公众号、微博、天猫店铺首页看到招募信息，每期都有数千人申请。如今,这些早期种子用户已经沉淀在花西子自建的在线监测(VOC)系统中。花西子官方统计数据显示,花西子用户共创体系已沉淀并聚集了超 20 万名体验官。

3.1 经典营销理论和营销实践面临的新挑战

中国正在经历百年未有之大变局,中国消费市场也正在迎来百年来的黄金机遇期。新的消费时代必然要有新的营销理论作为指导。然而,传统的营销理论起源于西方工业化发展的背景,是对当时市场、消费与营销知识的总结。伴随着近几年中国消费市场发生的新变化、信息化时代的全面到来,新的营销实践已经走在了营销理论的前头,新时代下中国新消费品牌的营销理论和实践面临着新的问题和挑战。

传统营销理念的核心是"满足消费者的需求",强调的是企业与消费者的交易过程。如现代营销学之父菲利普·科特勒教授就曾将营销学定义为:营销学就是一门以经济科学、行为科学、管理理论和现代科学技术为基础,研究以满足消费者需求为中心的企业营销活动及其计划、组织、执行、控制的应用科学。

传统市场营销学以"STP 战略"和"4P 营销理论"为主要战略战术手段,并结合管理学、心理学、经济学等多门学科,从而构建了一套比较完整的理论体系。这一体系为全球企业的发展指引了方向。

随着消费市场环境的巨大变化，一大批符合中国消费环境的新品牌快速崛起，加之营销学本身也是一门实践早于理论的学科，因而以下三个传统营销学的基本观念也是到了该升级的时候了。

第一，在新消费时代，营销的核心理念已从"满足用户需求"向"创造用户需求"转变。

在新的时代特色下，发现用户的新需求已经很难了。或者说，在消费者基本物质需求已经满足后，企业已经很难通过消费者调研来发现新产品的需求点。如苹果手机的诞生，就不可能建立在消费者调研的基础上。泡泡玛特的盲盒生意也并非用户集体意志的明确表达。即使是那些身经百战的百年品牌，它们在做新品导入时多半也是失败的。这就让我们产生了一个严重的疑问：经典营销理论指引下的营销方法论是否还科学有效？什么是科学？在保持一定条件不变的情况下，可反复检验的一致性结果就是科学。然而太多的失败案例让我们反思：究竟经典营销理论是科学性多一些还是艺术性多一些？为什么经过了严密的市场调研和逻辑分析，所推出的新产品依然会失败？

第二，在新消费时代，营销战略的起点是"发现新物种"，传统的"STP战略"失效。

传统营销的战略起点是"STP战略"，即细分目标市场、选择目标市场、定位目标市场三个核心步骤。这套营销战略的逻辑起点是"定位人群"。然而，在新的消费时代下，用户群体变得更加碎片化和复杂化。我们已经很难用传统的营销技术来精准预测我们的用户，用户的成分构成已经超越了年龄、地域、身份特征等传统的人群细分标准。

在新消费时代，创建新品牌并不仅仅是对目标人群的细分和定位，而是综合了技术升级、消费心理和竞争细分等多维度，对"新物种"进行研究的结果。我们往往是先有了新物种的想法，然后再去寻找目标人群来验证。由于产品是新物种，对于消费者的接受度我们难以全面把握，因此，使用新的营销方法，比如数字化的营销手段快速探查市场的接受度更为重要。新物种能否被市场接受，最重要的判断标准是"用户是否有兴趣"。

从另一个角度来看，在新消费时代，商品极大丰富，消费者挑选某一类商品当有 10 个甚至 100 个品牌可以选择时，通常只会选择自己最感兴趣的。

第三，在新消费时代，营销战术的组合已不再仅仅满足于传统营销的"4P"或"10P"，营销战术组合的内涵需要全面升级。

随着数字化经济和超级内容以及超级社交平台的诞生，营销战术组合呈现出更深度的融合和升级的大趋势。经典的营销学教材中很少出现对短视频、直播、私域等营销技术的讲解，而正是这些新的营销手段再造了我们对营销整体策略的思考。从用户的角度来看，用户知悉、了解、接受、购买新产品的渠道有了颠覆性改变；从企业营销的角度来看，超级内容和社交平台也已经成为企业营销的第一站，如抖音就提供了产品测试、产品推广、产品销售和产品服务等一系列完整的营销链条，而且通过检测用户在 App 平台上的行为，企业可以把这一系列操作变得更为精准，所采取的营销对策将更有针对性。这些都大大推动了营销理论和营销战术的新发展。

3.2 新消费品牌营销的底层逻辑是 ITR 营销原理

一、什么是 ITR 营销原理

经典营销的逻辑是"发现需求"和"满足需求"，而新消费品牌的营销逻辑是"创新需求"并"建立关系"。营销的底层逻辑可以归纳为三个关键词，即"认同"、"交易"和"关系"，英文可以表述为 identify、transaction 和 relationship，我称之为"ITR 营销模型"（见图 3-1），也可以称之为"吸引力营销模型"。在"ITR 营销模型"基础上提出的"ITR 营销战略"将取代"STP 战略"，成为新消费时代营销的理论基石。

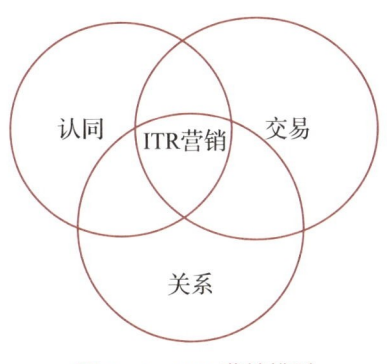

图 3-1　ITR 营销模型

1. 认同

新消费品大都不是为了满足消费者基本物质方面的生存需求，而是为用户创造更高的生活水准。产品创新已从补缺到个性发展，从满足个人需求向满足社交需求演进。因此，创造新产品的认同感是第一位的。产品不仅要创新消费者物理属性上的需求，还要创新消费者精神属性上的需求。企业要想创造一个品牌，需要使消费者产生更多的认同感。

什么是认同感？认同感是指人对自我及周围环境有用或有价值的判断和评估。这是站在人的角度上看。站在品牌的角度上看同样如此，即品牌对自我及用户有价值的判断和评估。对于一个品牌或商品，认同感可能来源于用户对产品的设计、质量、价格所带来的实用性的评价，也可能来源于用户对品牌所宣扬的精神价值的认可，更或者是二者兼而有之。一个成功的品牌，也一定是在物理属性和精神属性上都获得了一部分用户的长期认可。

认同感更多的是一种心理上的感受。认同感来得可能很快，去得也可能很快。在当今中国乃至世界，产品极大丰富，竞争者快速涌现，用户对品牌的认同感可能消失得很快，很多时候你都不知道为什么用户就抛弃了你的品牌。我们可以看到，自2016年以来，很多快速崛起的新品牌又快速衰退了，使得资本市场集体恐惧。形成这一局面的主要根源就在于，用户对产品的认同感往往变化很快，今天因为喜欢某一品牌的新设计而购买了它，明天另一个品牌推出了颜值更高的产品，他们又一窝蜂地去追寻新欢。你不能简单地去抱怨他们，也许这就是这个时代的特色。

经典的营销学教科书很少讲述"品牌的认同感"这一议题。它们在分析市场时，往往用了很长的篇幅分析宏观市场环境，分析竞争对手，从中找出差距与提升的空间，而较少从认同感的角度评估品牌的差异点，并从中找到提升的方向。认同感的来源有很多方面，比如产品设计、产品品质、品牌定位与传播、服务质量等。这些核心要素可能过几年就有新的变化，甚至对这些核心要素的塑造也是品牌与用户共同进行的。对此以后的章节会有更详细的阐述。

2. 交易

新消费品牌只有在建立了认同感的基础上，才能进入第二个阶段，即"产生交易"。企业用产品交易，消费者用金钱和情感交易。关于交易的时间、空间、渠道和成本，我们都要有新的思考。

在传统营销时代，我们对用户的推广、交易、服务往往是割裂的：在电视台做广告，在商超做交易，在售后门店做服务。

然而在今天，这一切都发生了深刻的改变。交易的平台、价格、沟通方式、反馈机制都发生了重大变化。如何在交易的环节更精细化地作业，尤其是利用数字化营销的方式？我们可以更好地把交易流程细分，把交易流程中的每一个关键节点都清晰地描述出来，并采取更有针对性的营销策略以推动交易效率的提升，比如"增长黑客"的方式，这就是经典营销学还尚未深度涉及的环节。

3. 关系

新消费品的极大丰富，使得用户的选择权更大。今天，用户选择了某一产品；明天，用户就可能因为新产品的出现抛弃它。而保留用户长期价值的方法，就是让用户成为你的朋友，即建立用户忠诚度。用心经营用户关系，已成为一个非常重要的策略。

塑造良好用户关系的手段主要涉及以下两个方面：

一是构成关系的"主要成分"有哪些？

二是关系互动的平台怎样搭建？

对于这两个问题，我们也将在后面的章节中仔细论述。

二、ITR 营销战略

ITR 营销战略讲的是品牌通过"新物种式"产品创新塑造独特的品牌形象，与目标群体建立认同感，使目标群体产生交易并建立长期关系的营销过程。此外，ITR 营销战略也是建立在数智化营销的基础之上，没有数智化营销的支撑，新消费品牌将失去立足的根基。

认同战略强调的是产品开发要注重产品的物理属性和用户的情感属性，要将产品的物理属性和用户的情感属性作为同等重要的因素来设计。只有使物理属性和情感属性合二为一，才能更好地使用户产生认同感。因此，打造新品牌的品牌人设，也就成为一个非常重要的战略性选项。

交易战略强调的是交易空间的选择、交易时间的选择和交易成本的选择三大要素。交易空间是指选择交易的渠道平台，比如是线下店铺，还是线上平台，并确定分别是哪些。交易时间是指产品交易的时间节点选择，比如，很多新消费品牌在"双11""6·18"等几个大促周期内就可以完成全年一半以上的销售额，因而对交易时间的规划变得越来越重要。交易成本指的是交易的价格，这里的价格不仅仅是指产品的价格体系，还指获得流量的成本。投入与产出的比例，是交易效率的最终表现。

关系战略强调的是关系平台的选择和运营。建立关系平台不仅仅是降低推广成本的重要策略，更是获取用户长期价值的不二法宝。对于大多数品牌来讲，维护好10万个用户的关系，远比争取100万个新用户更重要。无论是公域关系还是私域关系，都应该有专门的组织机构来维护。

3.3 ITR 营销组合策略

如何制定新消费品牌的营销战略和战术？根据 ITR 营销原理的总体指引，我总结了一套具有可行性的组合运营 ITR 营销战略和战术的架构。这套架构可以帮助你的品牌从 0 开始，实现到 10 亿元乃至 10 亿元以上的突破。

一、总体架构

对于新消费品牌建设的总体架构，我称之为"8P1B 营销组合策略"。其中前 3P 是战略性规划部分，后 5P1B 是战术性执行部分。8P1B 也是本书的写作架构，以下的章节就将按照这个架构展开。表 3-1 中列出了 8P1B 营销组合策略的主要构成。

表 3-1 8P1B 营销组合策略的主要构成

层级	要点	释义
战略规划层 （3P 营销战略）	产品（product）	发现你的产品机会
	人群（people）	锁定你的目标人群
	品牌人设（persona）	设计你的品牌人设
战术执行层 （5P1B 营销战术）	产品（product）	规划你的产品线
	品牌（brand）	创建你的品牌身份
	价格（price）	设计你的价格体系
	渠道（place）	规划你的渠道体系
	推广（promotion）	整合你的内容营销
	用户（people）	做好你的长期用户管理

二、ITR 营销战略规划（3P）

战略规划是规划我们的企业和品牌要向哪里去的方向性的大问题。大方向一旦确定，不宜随便改动，除非你要从根本上将它推倒重来。

从品牌实战的角度出发，制订战略规划有三个核心议题：

第一，发现你的产品机会，即你该怎样寻找你的创新产品。

第二，锁定你的目标人群，即你该选择什么样的目标人群。

第三，设计你的品牌人设，即你该怎样设计你的品牌人设。

这三点内容，将分别在第四章、第五章和第六章中详细讲解。

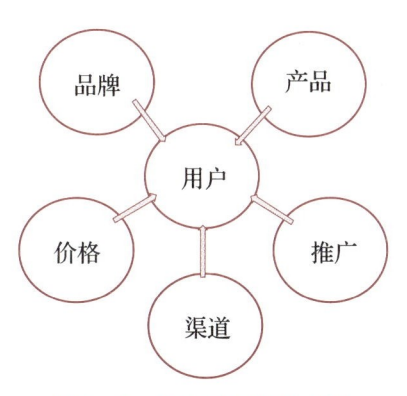

三、ITR营销组合策略（5P1B营销组合策略）

正如传统营销组合有"4P"或"10P"之说，新消费品牌的"ITR营销组合策略"也可以归纳为"5P1B营销组合策略"，见图3-2。其核心思路是，以管理用户的长期价值为中心，设计产品、品牌、价格、渠道和推广方面的策略。

图3-2　5P1B营销组合策略

1. 产品

对新消费品来讲，设计产品策略最重要的目的是要发现新物种。新物种的主要来源在于消费主力人群的更新、消费观念的变化和各项技术的升级。产品的新物种，就如同自然界的物种进化一样，会随着时代的不同，在原有产品品类的基础上，延展出新的物种。如三顿半咖啡，借助冷萃技术的升级和消费者对冷调咖啡的消费趋势，开发了冷萃咖啡，取得了巨大的成功。自嗨锅瞄准单身族的消费趋势，使用自加热方式，发展出了一个新的速食消费品类。另外，产品在开发上还要讲究做"有颜"、"有料"和"有品"的"三有"产品。在新的时代特征下，对于该如何深刻理解产品的本质特点，及构建强大的产品竞争力，我们将在第七章中详细讲解。

2. 品牌

这里主要是指新消费品牌的"品牌化"，主要内容是"品牌定位"和"创建品牌身份"。尽管消费者的选择渐趋多样化和个性化，但消费者对细分品类也未必能分得清楚，同时竞争产品的进入门槛也未必很高。在这种新的消费环境下，只有好的产品是难以长久锁定用户的。因此，产品只有找到属于自己的"定位"，并塑造出有情感的品牌风格，才能建立起与用户的长久关系，品牌才能走得更长远。花西子所推出的口红类产品市场上并不缺乏，但它采用了国风风格，强调"以花养颜"的中国传统美容理念，从而开创了一个崭新的王国。我们将在第八章中详述品牌策略。

3. 价格

价格策略是营销组合策略中唯一具有利润导向的策略，直接决定着企业经营的好坏，是牵一发而动全身的决定性策略。价格策略也是企业最复杂的策略，企业所有的资源状况最终都影响着价格。

新消费品在定价时大多可以心理定价为主，以竞争定价和成本定价为辅。新消费品通过物理属性和精神属性来影响目标人群，因此，针对目标人群的心理定价最为重要。如新奶茶品类，有几元的蜜雪冰城，也有几十元的喜茶、奈雪的茶。另外，价格策略中还涉及价格梯度属性，如基础价格、组合价格、促销价格、直播价格等。我们将在第九章中详细阐述价格策略。

4. 渠道

新消费品的渠道策略非常重要，大多采用线上为主、线下为辅的选择。这在很大程度上是因为数字化的线上渠道对新品牌、新物种的验证最为便捷和省钱。新消费品的用户大多在线上，通过相关的网络平台，产品可以直达目标人群，并与之产生互动，企业可以很快捷地知道新产品能否得到目标用户的认可，或者是改进意见；而线下渠道的数字化进程还没有那么快速或者不容易获得。另外，渠道策略的重要性还体现在选择哪个平台或哪几个平台开展主力销售。尤其是网络销售平台，天猫、淘宝、京东、抖音、快手、微信、微博、拼多多、小红书等平台都有不同的算法机制，因此在触达目标人群时，会有所不同。我们将在第十章中详述渠道策略。

5. 推广

新消费品牌的推广重点是内容营销。电视娱乐节目的极大丰富以及微博、抖音、快手、B站、小红书等内容平台的快速崛起，使得新消费品牌的推广在内容上更加丰富。新消费品牌可以通过内容营销的方式，与大量的KOL、KOC以及明星合作，快捷地传播品牌信息，"弯道式"超越传统强势品牌。比如瓶装饮料新品牌元气森林在2020年共投放了6档综艺和1部电视剧广告，主要集中在湖南卫视等媒体。2020年底，元气森林花了1.5亿元拿下2021年B站春晚的赞助权。彩妆品牌完美日记在小红书上的官方账号有约200万粉丝，获赞量与收藏量超350万，相关笔记有30万篇。此外，快速兴起的直播电商也是新消费品牌营销的利器。直播电商将品牌传播和销售合二为一，是最能直接检验新消费品市场接受度的法宝。但是直播电商也有双刃剑的特性，需要特别甄别。中国新消费品牌正是在这些新媒体的极大助力下，快速进入目标人群的视野中。

此外，基于大规模的品牌联名推广，出圈营销也是新消费品牌的重要策略，即两个品牌联合起来，开发联名商品，交换用户价值，如RIO鸡尾酒联合六神花露水，推出了六神味鸡尾酒。还有借助知名IP进行联名款产品开发的，如游戏类品牌、故宫与莫高窟等文创类品牌以及明星定制款等。

从某种意义上讲，新的消费品公司应当具有媒体公司的特征，甚至本身就是媒体公司。我们将在第十一章中详述推广策略。

6. 用户

建立以人为中心的用户关系管理模式是新品牌营销与传统营销最大的不同。企业内部要高度重视用户管理数字化模式的建设。首先要有内部的专职管理人员。其次要搭建起企业的用户关系管理模式，主要分为公域用户管理和私域用户管理。公域用户是指在抖音、快手、B 站等平台上跟品牌有所交流和沟通的用户；私域用户是企业建立的以企业微信、微信群、小程序为基础的可以即时沟通的用户。无论是公域用户还是私域用户，都是新消费品牌重要的战略资产。以人为中心的用户关系管理模式中重要的管理决策有：选择用户管理运营平台、制定用户管理运营策略、检验用户管理成果。最终的目标是要建立起用户对品牌的忠诚度，实现用户长期价值。我们将在第十二章中详述用户策略。

深刻理解 ITR 营销原理和其战略战术组合，是品牌实现从"网红"到"长红"的不二法宝。绝大多数"网红"品牌之所以很快就偃旗息鼓，就是因为没有深刻理解这一将品牌做成"长红"品牌的底层逻辑。

3.4　ITR 营销战略的商业实践

自 2016 年以来，中国市场上的第一批新消费品牌陆续上市，到 2020 年新消费品牌进入集中爆发期。比如，元气森林、泡泡玛特、三顿半咖啡、完美日记、花西子、自嗨锅等。这些新消费品牌通过营销创新,在产品开发、定位选择、价格组合、渠道销售、推广策略和以人为中心的关系群体建设上,走出了一条新路,迎合了中国新市场环境下消费文化和技术的新变化,取得了突飞猛进的成绩。

仔细检视这些快速崛起的新品牌,发现它们无一不是ITR营销战略的实践者。

自嗨锅、食族人、开小灶等瞄准了单身经济下的独食消费场景,创造了自热食品,并使用国潮风格来树立品牌形象,拉近了与用户的关系。三顿半咖啡开创了冷调咖啡的新领域,并通过线下的小罐回收计划与消费者建立起多层次的联系。泡泡玛特是IP经济和盲盒经济的领头羊。王饱饱麦片、ffit8蛋白棒则开创了代餐产品的爆红先河,迎合了年轻人不想胖又想吃的消费心理。Ubras聚焦无钢圈内衣的新品类,向传统内衣品牌重点塑造的"性感"说不,拉近了与年轻人的距离。花西子与直播大V深度合作,并深入融合东方美学概念,使"以花养颜"的产品定位独树一帜。李子柒借助田园视频将中国传统田园化的生活方式推广到海外,收获了大量粉丝,并顺势推出系列餐饮产品,从而一炮走红。这一批新崛起的消费品牌,从产品开发来看,大部分都是品类上的新物种;从品牌命名、品牌形象到包装风格都让人耳目一新,与传统品牌形成了显著的差异。

从推广和交易环节来看,它们无一例外均大量采用新媒体平台来进行推广和销售。微博、小红书、B站、抖音、快手、知乎等内容营销平台,是这些新品牌大展风采的擂台;各种综艺节目也是它们的常客;每个新品牌的造星运动都有数百位甚至数千位网络红人、明星参与。企业从去中心化的媒体演进中发现新的历史机遇,并大力借助这些影响者群体改变亿万追求生活认同感的消费者的新选择。另外,品销合一的新媒体平台也大幅简化了消费者的转化流程,这也成为新消费品牌营销的重要特点之一。

从与用户关系的角度来看,每一个品牌都建立了自己的公域管理平台和私域管理平台。从产品测试、产品试用、产品回购,到带动用户与品牌共同推广产品,用户关系管理都起到了无可替代的作用。

ITR 营销战略正在开启新一轮十年期的中国新消费品牌全面崛起的伟大征程。

第二部分

规划营销战略

营销战略是关于选择做什么和不做什么的智慧。新消费品牌的营销战略从发现产品机会、锁定目标人群和设计品牌人设开始。

| 第四章 |

发现你的产品机会

对产品赛道的选择是制定新消费品牌营销战略的第一步,也是决定性的一步。在相同投入的情况下,它可能会使你的回报相差万里。本章摒弃了传统的也是比较难操作的 PEST 和 SWOT 方法论的桎梏,提供了一套现实版的选择行业和产品的思路。在全新的视野中,我们可以依据人群成长路径、消费品类规模以及品类分化树和突破创新点等方面,来重新发现产品机会。

品牌故事

蕉下——从一把防晒伞中发现的百亿元商机

蕉下（Beneunder）是深圳减字科技有限公司创立于2013年的城市户外生活方式品牌。蕉下2022年上半年的销售额达到22.1亿元，同比增长81.3%，净利润为4.9亿元。根据2022年胡润研究院第四次发布的全球独角兽榜，蕉下的估值已达200亿元。2022年4月蕉下递交招股书，冲刺"中国城市户外第一股"。

蕉下的成功之路是如何练就的呢？

2013年，各户外品牌推出的防晒产品概念还主要集中在化学领域，竞争重点也基本上都是防晒霜，但"物理防晒概念"产品市场还是一片空白。在这一背景下，有两位理工男看到了物理防晒这片蓝海，他们联手创办了蕉下品牌，并于同年推出首款防晒产品——双层小黑伞。当时国内市场畅销的防晒伞均价仅30元左右。蕉下这款产品的价格做到了200元。他们精准瞄准中高端年轻女性消费市场，以"硬防晒"的概念深入消费者的心智，5 000把首发产品仅两小时就已售罄。蕉下从防晒伞开始，打开了一扇防晒系列产品的大门。

从防晒伞爆品起家后，蕉下迅速进行产品线的扩张。2016—2019年，蕉下快速建设防护科技生态网，以防晒、凉感、干爽感等场景痛点为解决需求的关键,在自主研发的 Anti-UV 防护科技基础之上,又研发出 Anti-Hot、Anti-Water、Anti-Strain、Anti-Cold 四大防护科技,以此实现了从伞具到防晒服、口罩等更多防晒品类矩阵的搭建,完成了从"防晒单品"到"户外防晒"的转型。

2020—2022 年,蕉下以城市户外主流场景进行深度布局:基于伞、服饰的户外防晒品类,陆续打造鞋、帽、内物、配饰四大核心品类产品,完成了从"户外防晒"到"城市户外"的升级。蕉下的产品线主要有以下几类。

(1)伞类:目前拥有单层、双层、多折、直柄、扁伞等系列产品。蕉下通过自主研发的黑胶 L.R.C 涂层技术,让伞面在阻隔超过 99.5% 的紫外线的同时还能有效隔热。

(2)服装类:目前拥有女装、男装、童装等系列产品。根据不同的穿着场景,蕉下利用防护科技实现了服饰防晒、防泼水、防风、锁温等防护功能。

(3)鞋类:目前拥有帆布鞋、休闲鞋、马丁靴、单鞋、雨靴、运动拖鞋等系列产品。

(4)帽类:目前拥有渔夫帽、空顶帽、鸭舌帽、草帽、针织帽、贝雷帽、保暖帽等系列产品。通过将自主研发的黑胶防护涂层技术运用到防晒帽系列当中,既满足了防晒需求,又能通过面料科技带来隔热降温的效果。

(5)内物类:目前拥有内衣、内裤、背心、袜子、安全裤等系列产品。

（6）配饰类：目前拥有口罩、袖套、手套、墨镜、围巾等系列产品。以冰袖为例，蕉下利用自主研发的防晒科技，让冰袖具备了阻隔超99%的紫外线的防护能力。

2022年蕉下提交的招股书显示，其防晒伞具品类的营收占比从2019年的86.9%降至2021年的20.8%。服装品类在2019年的营收占比仅有0.8%，在2021年时已经达到了29.5%，成为蕉下第一支柱品类。另外，墨镜、口罩、披肩、袖套及手套等配饰产品的营收占比也从2019年的5.3%上升为2021年的25.4%，成为蕉下的第二支柱品类。随着多元化产品结构的建立，蕉下的毛利率也提高了约10%。2019—2021年，蕉下的毛利率分别为50%、57.4%、59.1%，已经超过了瑜伽服装品牌lululemon的57.7%和李宁的53%。

值得一提的是，蕉下特别重视精品策略。截至2022年6月，蕉下年销售额超过3 000万元的单品已经有24款，销售额排名前30的爆款产品贡献了超过七成的销售额。

4.1 从消费者年龄中发现产品机会

我们首先要看一下消费者在不同年龄段下的消费特点。每一个成功的消费品牌都与消费者的年龄段息息相关，越是大的行业和大的品牌，这种规律就越明显。

依据消费者的年龄段和身份特征我们可以将消费者划分成五个阶段。

（1）学生期。年龄在 18～22 岁。消费特征是经济来源主要靠父母，自己能支配的部分较少。发生的主要是满足自己的学习、日常生活以及兴趣爱好的消费，比如 3C 数码产品、玩具手办、电子游戏、零食、书籍等。

（2）初进职场期。年龄在 23～25 岁。财务开始自主，一般只为自己的生活和爱好消费。消费种类主要有小家电、服饰、生活用品、食品饮料、精品数码、个人洗护等。

（3）组建家庭期。年龄在 26～30 岁。开始组建家庭和生育。消费的大头主要体现在家庭大件消费上。

（4）家庭拓展期。年龄在 30～40 岁。组成了三口、四口或五口之家。家庭大件消费、双方父母的消费占比较大，消费进一步升级。

（5）家庭稳定期。年龄在 41～55 岁。生活压力增大，消费主要是为了满足家庭教育、养生、生活品质改善需求等。

新消费品牌目前的消费人群主要以"90后"和"95后"为主。这类人群开始正式参与社会消费活动，并且易于接受新事物和新品牌。以最早进入社会的"90后"来看，他们已经开始进入家庭拓展期了。以 Z 世代"95后"来看，他们最大的已经开始处于组建家庭期了。新消费品牌将主要围绕"90后"和"95后"的消费需求特征开发。

4.2 从产业选择中发现产品机会

单单分析目标人群的消费特点，还不足以确定你要进入什么行业。接下来要研究和对比现有市场的潜力，分析最大的突破点可能存在于哪里。

我们以市场规模和行业增长率两个维度，展示了12个行业的分布情况（见图4-1），以供参考。产品的最优选择逻辑主要有两点：大市场和高复购率。具体到每个行业的细分领域，你就需要结合自己的资源、团队能力和喜好来做进一步的细化和选择。

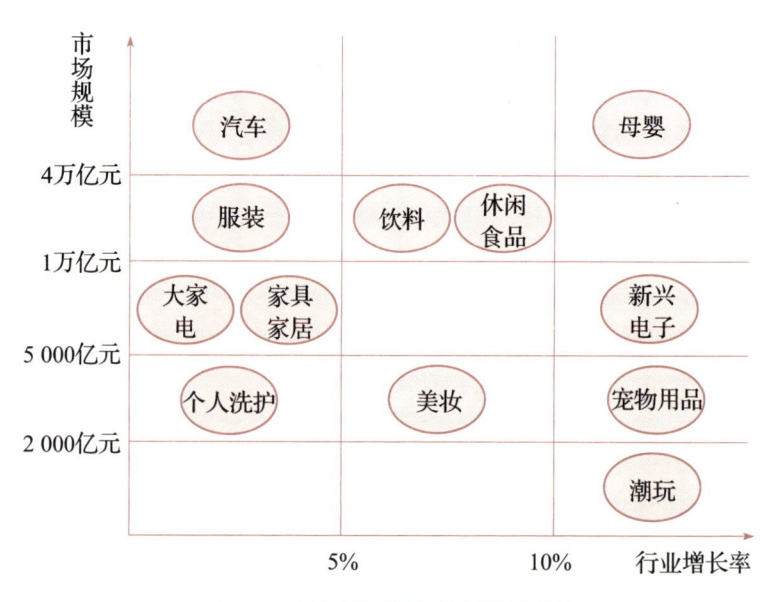

图4-1 中国主要行业的规模与增速

（1）4万亿元以上的行业品类：汽车行业和母婴行业的市场规模都在4万亿元以上，是市场规模最大的两个行业。但是汽车行业进入门槛很高，一般创业者很难去选择，但是可以选择汽车行业的配套行业。未来十到二十年，中国汽车行业的增速主要来源于新能源汽车，新能源汽车行业的年均增速会高于10%。未来十年内，能超过百亿元规模乃至千亿元规模的新消费品牌，重点会在这个行业中诞生。此外，母婴行业规模巨大，品牌集中度尚不高，且增长强劲，母婴行业未来五年年均增速有望在10%以上。但随着中国人口出生率的降低，长远来看，母婴行业会经历一波下行周期。

（2）1万亿元以上、4万亿元以下的行业品类：休闲食品、饮料、服装行业的市场规模超过1万亿元。这些行业的进入门槛不高，虽产品差异化比较大，但品牌易被新生代接受，是消费品创业的黄金赛道。休闲食品、饮料、服装行业未来五年的预期增长率分别为8%、5%和3%。近五年来，新消费赛道中比较亮眼的品牌多半集中在食品饮料类行业，说明这些行业的创新空间比较大。但是，成就百亿元规模的品牌机会已经比较少了，做成几亿元销售规模的机会比较多。这也与行业更加细分有直接关系。新消费品牌大都选择更为细分的赛道来参与市场竞争，而这种细分的总市场容量往往不是很大，多元化发展也许是头部企业继续成长的不二法门。

（3）5 000亿元以上、1万亿元以下的行业品类：大家电、家具家居、新兴电子行业的市场规模超过5 000亿元。其中大家电行业普遍比较成熟，行业利润率比较低，处于高度竞争环境，新品牌进入不易，未来五年预期增长率为1%。家具家居和新兴电子行业主要通过科技创新和创新应用场景，不断涌现新的产品，但其对产品研发的能力和对市场教育的能力要求较高。家具家居行业未来五年行业预期增长率为4%，新兴电子行业的预期增长率为10%。

（4）2 000亿元以上、5 000亿元以下的行业品类：美妆和个人洗护行业的市场规模达到2 000亿元。美妆和个人洗护行业提供的是生活必需品，整体产业规模大，但产品同质化比较严重，产品创新点不宜把握，研发新科技需要有较大投入。未来五年的预期增长率美妆行业为7%，个人洗护行业为2%。

（5）生活方式类新兴高增速行业品类：宠物用品和潮玩行业是两个正处于高速增长的新兴行业。宠物用品行业的市场规模也超过2 000亿元。据中研普华产业研究院发布的报告，2021年，在中国城镇家庭中，宠物猫的数量是5 806万只，犬的数量是5 429万只。从单只宠物的花费上看，单只犬的年花费是2 634元，单只猫的年花费则是1 826元。中国潮玩行业也处于高速增长期。中信证券预计，中国潮玩市场在2021年市场规模会突破500亿元，未来五年该行业的预期增长率将超过10%。潮玩品牌将沿大众消费方向（主打年轻消费者的日常文创产品与生活用品消费）和精品消费方向（主打中高端消费品牌IP联名或原创潮流消费品设计）发展。

4.3　从品类创新中发现产品机会

新消费品牌在进入市场时，大都会选择走品类创新之路。品类创新可以使品牌绕开市场上已有的强大竞争对手，打造全新的消费者认知，这有利于创建一个新的品牌。

什么是品类创新？

商品是可以分类并持续细分的。比如汽车品类，从用途上可以分为轿车、SUV、MPV、跑车、皮卡、微型面包车；从大小与豪华程度上可以分为微型、中型、紧凑型、中大型、豪华车；从驱动模式上可以分为汽油车、柴油车、电动车、油电混动车。这些细分的品类并不是在汽车行业诞生的第一天就有的，而是经过漫长的市场演化形成的。没有一个汽车品牌能占据所有的细分品类。每一个细分品类，都被一个或几个品牌"霸榜"。

品类创新就是在已经存在的品类上，继续以某种方式进行细分，并发现新市场机会的创造过程。纵观全球消费品品牌的发展历史，那些著名品牌都是某一类商品的翘楚。它们大多数是这一品类的开创者，并且率先将其品牌打入消费者的心智中。

表4-1列出了一些中外消费品品牌所代表的品类。尽管有些品牌可能已经存在超过100年了，但在当时，它们就是那个年代的新消费品牌。

表 4-1　中外品牌创新产品品类案例

品牌	开创品类	创立年份	品牌	开创品类	创立年份
雀巢	速溶咖啡	1867	海尔	电冰箱	1984
可口可乐	碳酸饮料	1886	健力宝	功能饮料	1984
吉利	剃须刀	1901	蜂花	洗发水	1985
汰渍	合成洗衣粉	1946	长虹	彩色电视机	1986
麦当劳	汉堡包	1955	凤凰	自行车	1986
耐克	空气跑鞋	1972	江小白	小瓶高粱酒	2011
特斯拉	电动车	2003	喜茶	新式奶茶店	2012
苹果	智能手机	2007	三顿半	冷萃咖啡	2015
回力	运动鞋	1927	元气森林	0糖气泡水	2016
茅台	酱香白酒	1951	花西子	国风彩妆	2017
汉口二厂	汽水	1952	每日黑巧	0糖巧克力	2019
大白兔	奶糖	1959	自嗨锅	自热速食	2018

品类创新者也常会遇到陷阱。有不少创新品类的新进入者由于进入时机不对，或者没有能力率先建立起用户对品牌的认知，从先驱变成"先烈"。

来看看世界著名的品类创新者成为"先烈"的案例，见表 4-2。

表 4-2　全球著名的品类创新失败案例

品类	品类发明者	品类之王
智能手机	IBM Simon（1993 年）	iPhone（2007 年）
数码相机	柯达（1975 年）	佳能（1987 年）
海量音乐播放器	新加坡创新科技（2000 年）	iPod（2001 年）

续表

品类	品类发明者	品类之王
智能电动汽车	通用汽车 Impact（1990 年）	特斯拉（2003 年）
个人电脑	IBM（1981 年）	戴尔（1984 年）
短视频	Musical.ly（2014 年）	抖音（2016 年）
能量饮料	泰国天丝集团（1966 年）	红牛（1987 年）
希腊酸奶	Fage（1926 年）	乔巴尼（2007 年）

从历史经验来看，首先发现并进入一个新品类还不能算是成功，最早进入消费者心智中的品牌才能算得上成功。这正是全球最著名的营销书之一《定位》所阐述的原理。

4.4 从商品四级分层法中发现产品机会

品类创新是新消费品牌成功的基石。那如何对商品的品类进行划分和描述呢？

我们可以先从商品门类的演化和分层入手。自然界的物种有"界、门、纲、目、科、属、种"七级分类。商品也可以被视为一种物种：经过人类长期的文明演进，商品本身呈现出一个不断诞生、成长、演化、衰退或者再生的过程。因此，我们研究商品的进化过程，就需要先对商品进行分级，从而更好地知道我们的商品从哪里来，将来可能去往哪里。

我们以四个层级来对商品进行分类。这四个层级分别为"门品类"、"根品类"、"母品类"和"子品类",见图4-2。对于任一商品的分类,按照上述四层级分类方法,基本上可以找到商品演进的路径。

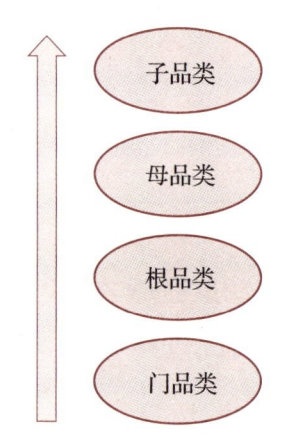

图4-2 门根母子四层级分类法

"门品类"就是消费者所购买商品的行业品类,比如汽车、手机、饮料、鞋帽、电脑、奶粉等行业品类。门品类的大致范围可参考中国商标注册机构所规定的45个大类下的二级类目的商品品类。

门品类之下是"根品类"。比如,我们以"饮料"这个门品类为例:在饮料的门品类下可以找到若干个根品类,如碳酸饮料、果蔬饮料、功能饮料、茶饮料、咖啡饮料、乳类饮料等。根品类是企业在满足消费者的某一类需求时,首先考虑的商品范围,因此是"根"。

根品类之下就是"母品类",比如"茶品类"之下可以延伸出诸如"原叶茶""奶茶""果味茶""花茶""养生茶"等母品类。之所以称为"母品类",是因为商品发展到今天,到这一级时,消费者在选择商品时已经非常明确了。在母品类下,消费者就应该对商品品牌进行选择。

在门品类和根品类这两个层级上再创造出新的品类已经很难了。新消费品牌一般都是在母品类中寻找并发现新的商品物种,产生新的"子品类"。比如,在奶茶的母品类下,又可以诞生出诸如水果奶茶、酸奶奶茶、巧克力奶茶、奶盖奶茶、咖啡奶茶等新的子品类,以及喜茶、奈雪的茶、茶颜悦色、蜜雪冰城等不同消费场景下的店铺子品类。发现并创造属于自己的子品类,是新消费品牌产品战略的起点。当然,子品类的演进已经越来越复杂,也有很多的细化方法,对此我们将在下一节中详述。

分析"母品类"到"子品类"的演化过程非常有难度。这需要你充分掌握行业整体的发展脉络,以及行业中竞争对手的发展情况。如果你能绘制出一幅完整详细的行业生态演化图,那就意味着你已经是行业专家了。

表4-3是针对饮料门品类下的一个四层级商品生态分层示范表。你可以参照这个逻辑,把你所在的行业进行四层级分类,看看你所在的行业的商品品类的分化路径。毕竟,知道过去,才能更好地把握未来。

表 4-3 饮料行业的门根母子四层级分类表

门品类	根品类	母品类	子品类
饮料	碳酸类	可乐	含糖可乐、无糖可乐等
		汽水	水果味汽水、无糖汽水等
	果蔬类	果汁	仁果、核果、浆果等
		蔬菜汁	茎菜、根菜、果菜等
		混合汁	果蔬混合
	功能类	运动	充气、不充气等
		能量	牛磺酸、矿物质等
		营养	维生素、含硒等
	茶类	原叶茶	西湖龙井、福建大红袍等
		奶茶	杯装奶茶、现泡奶茶、水果奶茶等
		果味茶	各种水果口味的茶
		花茶	各种花与茶的拼配
		养生茶	针对各种养生需求的茶
	咖啡类	干咖啡	罐装、速溶等
		咖啡饮料	罐装、瓶装等
		现调咖啡	拿铁、卡布奇诺等
	乳类	中性乳	咖啡、可可、果汁等
		酸性乳	发酵型、调配型

4.5 从品类分化树中发现产品创新机会

我们可以再进一步。既然新消费品的创新主要来源于品牌在"子品类"上的创新,那么在了解了品类分化的四层级分类方法的基础上,我们该如何继续创造新的"子品类"呢?对于从哪里寻找创新点,我总结了七种方法,称之为"品类分化树",见图4-3。

图4-3 品类分化树

(1)技术升级。技术升级是子品类诞生的最强大动因。如电动车的诞生意味着"车品类"中多了一个崭新物种,从而电动车品牌可以实现弯道超车。三顿半咖啡将冻干技术应用于速溶咖啡中,开创了冷萃咖啡新品类。宝洁公司的洗发水就是在不同的技术导向下推出了不同的品牌,如海飞丝主打去屑功能,潘婷主打修护功能，飘柔主打柔顺功能。

（2）人群细分。人群细分是指把产品应用于不同年龄群体或不同性别群体而带来的新的商业机会。比如，护肤新品牌"理然"专注于男性，就诞生了男性综合个护新品牌；鞋类与老人相结合，就诞生了"足力健老人鞋"；将手机应用于儿童，就分化产生了儿童手机市场。百事可乐打击可口可乐时，最有名和最有效的营销策略是，百事可乐是年轻一代的可乐，而将可口可乐划为老一代人的可乐。

（3）价格创新。价格创新是新消费品参与市场竞争的常用手段，也是比较好用的手段之一。这里有两种常用的方法：一是将原来低价的产品提升品质后，以更高的价格销售；二是将原本高价的产品进行低价销售，通过寻找价格带的低竞争区域参与竞争，也可以称为"高端平替品"方法。比如，小米手机的第一代产品上市后，就将市场上 4 000 元以上的旗舰级配置机的价格拉低到 1 999 元，从而产生了巨大的影响力。花西子的价格区间主要集中在 100～200 元，这与国际彩妆品牌巨头普遍数百元数千元的产品价格带形成了价格定位差异。元气森林气泡水就以远高于可乐产品的价格进入市场，不仅给了渠道商足够大的利润空间，也让消费者获得了新的认知。喜茶、奈雪的茶等现制奶茶，也是基于传统低价奶茶的新升级。钟薛高因价格比普通雪糕贵几倍，被戏称为"雪糕刺客"，但也塑造了自己独特的品牌定位，抢占了一部分消费者。

（4）空间变化。将原来在一个空间场景下使用的产品，放到另一个空间场景下使用，也能产生一个新的商业市场。比如，自热锅最早是北京奥运会期间解决现场观众吃热食问题的应景性产品，最终"自嗨锅"等品牌将其应用到日常办公室场景中，取得了成功。小熊电器把原来大家庭用的厨电电器做小，使个人使用更便利。

（5）渠道变化。寻找不同的消费渠道也能催生出新的消费市场。如三只松鼠在品牌创业初期只在天猫平台上销售，从而专注于一个新的销售渠道。当线上渠道饱和后，其又进入线下渠道，通过不同渠道的组合，持续拉升品牌销售。

（6）文化差异。从国家文化、地方文化等角度，将产品赋予不同的文化特征，也能开创出一个有价值的市场。另外，革新包装设计也可以算作改变文化内涵的一种方式。如花西子就以"东方彩妆，以花养妆"的中国风定位，在产品名称、包装、品牌推广等方面全面使用中国风元素，从而产生了独特的产品卖点。

（7）国家迁移。即将在一个国家成功的产品带入另一个国家，或在一个区域已经成功的产品带入另一个区域，通过模仿和创新，在新的目标市场建立领导地位。如蓝月亮洗衣液，就是把欧美国家已经成熟的洗衣液产品放到中国市场上销售，从而挖掘出了一个巨大的增量替代市场，快速成就了蓝月亮百亿元销售规模的大品牌。

在运用以上七种方法时需要创业者对拟进入的行业有十分深

入的认知和分析，知其然也要知其所以然，才能更好地画出"品类分化树"，并找到你的子品类。当然，也有很多子品类的细分，是综合了以上七种方法中的几种。

4.6 从长期趋势和发展规律中发现产品机会

我们在本书的第一章中比较详细地介绍了中国百余年来新消费品牌发展的五个主要阶段。第一个阶段即清末到新中国成立前，主要是洋品牌的入侵。第二个阶段主要是计划经济时代下国民对"老三样"的追求。第三个阶段是改革开放的头20年，这是中国新消费品牌的黄金时代。围绕家庭新生活的各种升级需求，这一阶段诞生了大量的百亿元级品牌。第四个阶段是21世纪头15年。在这一阶段中国加入世界贸易组织，互联网平台高歌猛进，以发展全球化品牌和发展"小而美"的新消费品牌为主要特征，中国消费电子行业成为最耀眼的新消费领域。第五个阶段是2016年到2030年这15年。在这一阶段，最大量级的新消费品牌会诞生在新能源汽车领域；最强势的品牌进步会出现在以运动服装、化妆品行业和新中式轻奢品牌为代表的替代洋品牌的过程中；最活跃的新增新消费品牌会大规模出现在移动互联网平台；新的创新产品和品牌将会从人们衣食住行的各个细微环节中生长出来，品牌收购和重组也会是这一阶段的一大特征。在2030年前后，预计以6G通信、WEB3.0和AR、

MR（混合现实）、AI为主要特征的商业应用将会开启一个全新的世界。围绕着新一波的消费人群、新的消费场景，新消费品牌的成长动力也会有一个全新的变化，我们可以隐约地看到元宇宙下的粗略商业愿景。

通过对中国百年来的品牌发展进行分析，我们可以看到，新中国成立以来尤其是改革开放的40多年来，中国消费市场上已经长成了一片较为成熟的品牌森林。在这片巨大的森林中，有一些参天大树已经可以遮云蔽日，占据了一大片高层空间，作为后来者的"灌木"只能在其脚下见缝插针式成长，难以超越。但是后来者只要差异化做得好，也能得到阳光雨露，茁壮成长到几亿元乃至几十亿元的规模。当然，更多的品牌在夹缝中艰难生存，但是只要把目标放低，在缝隙中寻找阳光和水分，也能生存得很好，那些遍布森林的地衣植物，就是生者的希望。而成为地衣并存活下来，也是当前大多数新消费品牌所面临的机会。并且这种机会也会随着森林越来越大，而变得越来越多。你是做一个小市场中的大品牌，还是做一个大市场中的小品牌，非常考验你的综合实力和商业智慧。

就当前的市场环境而言，我们需要在以下几方面关注新消费品牌的发展。

目前，中国政府正在全面深化经济结构转型，提振国内消费市场，建立国内国外双循环的经济发展模式。海外市场具有很大的不确定性，国内市场是关键所在。基于此，城市服务业将会有一个较大的增长空间，也会有很多小微的新品牌将诞生于众多的新服务行业。

消费升级究竟升级的是什么？首先一定是科技、品质上的升级，其次是审美上的升级。就审美来看，新消费已经度过了"为审美而审美"的时代，即审美疲劳之后，眼球经济会"退烧"，人们会更加重视产品的本质特征，中国元素也将渐趋替代西方元素的主导力。同时，产品形象会向精神和心灵层面延伸。

当前，新消费品呈现三个发展方向：其一，产品的健康化；其二，产品的绿色化；其三，产品的便捷化。这三个发展方向都将或多或少影响新一代消费品的发展，我们在定义产品时需要特别注意。

从国际比较中看消费趋势，我们可以参考日本的发展。在《第四消费时代》一书中，作者三浦展指出了日本正处于第四消费时代。日本的第三消费时代是从 1975 到 2004 年，主要特征是人口微增，消费呈现个性化、多样化、差别化、品牌倾向、大城市倾向和欧美倾向等特征。而进入第四消费时代（2005—2034 年）后，日本的生育率已下降到 1.3～1.4，日本消费者的价值观倾向于共享，开始重视社会协作，体现在消费倾向上就是无品牌倾向，反而倾向朴素、倾向休闲、倾向本土。日本消费市场的变化方向有一定的参考价值。随着中国人口出生率的降低，中国的消费市场也可能会经历一个从个性化、多样化到朴素化、共享化和本土化的倾向，其中的一些特征已经开始显现于中国消费市场。

关于如何选择行业和产品，以上我提供了一些重要的思路。但读者还需要特别注意：产品最终形态的确认并非是一蹴而就的，具体产品的选择往往需要反复验证。新产品在发展中会遇到一个十分重要的概念，那就是"市场鸿沟"。"市场鸿沟"是指用户对新产品的接受会有一个认知上的断层。一方面，新产品由于没有切中用户的真正需求，无法放量；或者出现一个销售小高峰后，就迅速走向衰退，这说明市场无真实需求。另一方面，由于竞争的原因，新产品始终无法放量。面临这样的困局时，就需要及时调整产品。比如王小卤最早推出的不是卤凤爪，而是卤猪蹄；三顿半最早推出的咖啡产品是挂耳咖啡，而非冷萃咖啡。它们都是经过改弦更张后才走向成功的。

4.7 专题：品类创新的陷阱

"品类分化"和"子品类"的方法论具有很高的技术门槛，它不仅需要你对行业的理解非常深刻，同时其自身也仍然存在很多技术陷阱。比如以下陷阱就要特别留意。

（1）认清品类隔离的概念。

就如同"生殖隔离"的概念一样，"品类隔离"就是指在做品类分化时，子品类之间一定要有足够明晰的区隔，要让消费者在心智上产生差异，从而产生不同的产品认知，如洗衣液跟颗粒洗衣粉就有比较大的品类隔离认知。如果将产品仅仅定位于薰衣草味的颗粒洗衣粉或者橙子味的颗粒洗衣粉，这种隔离就有不足，不能谋划为一个新品牌。

（2）分清真品类、伪品类和假品类。

真品类是指消费者在做出购买商品的决策时，首先进入消费者脑中的最后一级产品分类。在此分类下，消费者下一步要做的就是选择品牌。

伪品类更多地存在于产业人员的认知中，而非消费者的认知中。比如，空调是真品类，白色家电就是伪品类。空调是消费者做选择时的最后一级产品分类，而白色家电则是家电业内的一种理解，并不能作为消费者选择品牌的品类认知。

假品类是指不易形成强势品牌的品类。这种品类要么太小众，要么不易带入情感，无法使消费者形成品牌认知。这样的品类在品牌学上不易单独成为一个品牌，比如拖把、抹布、脸盆等。假品类可以理解为，消费者在选择商品时情感参与度极低、选择参与度极低的品类。假品类不适宜品牌化运作。

第五章

锁定你的目标人群

明确产品要卖给谁是制定营销战略的第二步。选择其中一类人或一部分人，是新消费品牌的智慧选择。传统的营销理论常按照人口统计学原理把人群按照年龄、性别、地域、职业等特征来区分。本章将介绍另外四种方法来帮助你细分目标人群，分别是"新消费八种典型人群划分法""趣缘圈人群细分法""以生活方式划分人群法""用户画像法"。它们层层递进，帮助你更加精准地锁定目标人群。

品牌故事

小仙炖——从孕妇保养到中式滋补市场的大跃迁

小仙炖是一个鲜炖燕窝品牌,创立于2014年,是中国鲜炖燕窝品类的开创者和领导者。2020年"双11",小仙炖鲜炖燕窝的销售额一举突破4.65亿元,同比增长263%,斩获健康、滋补、燕窝品类的第一名,小仙炖成为天猫"双11"历史上首个直播间销售额破亿元的食品品牌。在2022年3月份的抖音女王节,小仙炖与广东夫妇直播间合作,售卖客单价约2万元的青春款45克系列产品年度套餐,实现了单日销售即破亿元的亮眼成绩。作为一个深受用户喜爱的燕窝品牌,小仙炖究竟走过了一条什么样的发展之路呢?

小仙炖在市场定位的选择上经历过三次重大变化。

2016年1月,小仙炖刚刚解决了工业化生产的问题,品牌创始人苗树和林小仙认为小仙炖虽然有各种优点,但对于怎样描述产品、怎样选择目标人群、怎样向消费者准确传达品牌理念,并没有十分准确的举措或定位。

在初次品牌定位中,小仙炖将视角聚焦在了孕妇人群。他们首先规划出"专注优孕滋养"的品牌定位。因为从现有客户中他们发现,孕期是较为常见的滋补场景。在这一特殊时期,消费者更容易为滋补买单。于是小仙炖就打出了对应的广告语。三个月的时间过去了,销量不增反降,尤为难堪的是,客服团队反馈"有客户咨询:我不是孕妇,能不能吃?"。显然,这次品牌定位与原先预想的人群定位不一致。

苗树事后反思:"我们的渠道是淘宝、京东,不是医院妇产科病房,淘宝、京东上10个用户中可能只有1个是孕妇,我们做出这样的定位,反而造成了沟通障碍。此外,燕窝对孕妇都好,但很难说小仙炖对孕妇更好,在这类客群的竞争中我们难以形成差异化优势。"

第一次人群定位尝试以失败告终。于是在2016年6月,他们对品牌定位进行了调整:结合产品的品类特征,以及客户反馈,最终提炼出"燕窝新鲜才滋养"这一核心品牌定位。这极大地扩展了人群范围。苗树后来回忆道:"这样的定位是对的,但是从2016年6月到2017年末,虽然我们按照这样的定位做了宣传,但销量并没有很大的变化。现在来看,战略和品牌并不像提炼一句广告语那样简单,需要产品、服务、推广、供应链等全方位地配合与对应。所以,这次我们相当于找到了方向,后续还需要更全面的战略来支撑。"

2017年,随着不断学习和探索,在接触了大量专家、教授和营销机构后,苗树和林小仙有了一个新的概念,即复兴中式滋补,打造民族品牌。他们发现,小仙炖的品牌、产品具有很大的发展潜力,燕窝是一个几百亿元的大市场,而且重消费者决策,但中国并没有一个燕窝品牌真正占据了消费者的心智,小仙炖有机会。于是，小仙炖迎来了第三次品牌定位。

苗树表示："比如我们首先进行了大规模的市场调研，从行业和产业的角度来看待问题。通过这次调研，我、林小仙、整个团队的信心都有了极大增长，因为我们发现面对如此巨大的市场，消费者在接受街头访谈时，却说不出任何一个自己印象中的知名品牌。原本我眼中的已经是行业内较为成熟的品牌，在消费者的心智中几乎不存在——这意味着消费者关于燕窝的认知还是一片空白，等待着小仙炖用准确的定位去占领、去收获。"

苗树和林小仙于是下定决心投入资金部署一系列相关活动，从此小仙炖开启了快速发展之路。2017—2022年，小仙炖实现了现象级的增长。

小仙炖的成长之路其实就是一个品牌不断寻找并不断拓宽用户定义的过程。这给了我们很多启示。

5.1　通过消费者世代原理来划分人群

消费者世代是指按照人口出生的周期和同一时期内具有相近的行为模式与价值观的同属人群来划分人群。比如美国最经典的消费者世代划分就包括"大萧条一代"、"婴儿潮一代"、"迷茫的一代（X世代）"和"新人类"。

根据中山大学卢泰宏教授团队对中国消费者世代划分的研究成果，我们以每十年为界限，分别描述了不同世代群体的特征，见表 5-1。

表 5-1 中国消费者世代调查一览（2015 年）

	世代指标	60 世代	70 世代	80 世代	90 世代	00 世代
价值观	精神气质	理想、英雄、自强不息	理想、吃苦耐劳、勤奋	阳光、积极、奋斗	创新、不安于现状、自我	时尚、前卫、意气风发
	最看重的东西	事业、家庭	家庭、工作	家庭、工作、成就	自我价值	爱情、成就
	如何看待成功	对社会有贡献	财务自由	达到目标并得到认可	实现自我价值、有经济基础	完成任务
	对工作的态度	责任	义务与责任	努力，是生活的一部分	自我满足感和生存需求	义务与探险
	如何看待家庭	重要	最重要	避风港	避风港	监狱，有代沟
	如何看待意外	命运无常	坦然面对	珍惜当下	随机应变	难以接受
	如何看待死亡	生命的一部分	该来的就会来，但希望不要太快	正常过程，但不害怕	正常，不可避免	可怕
	如何看待教育	改变命运的机会	工作的敲门砖	获得成功的基础	开阔眼界、提升自我	超越别人的手段
	最可能为了什么放弃生命	理想、国家	家人	没有	很难为了什么放弃生命	爱情或小事
	儿时的理想	报效祖国	科学家	远离自己的城市出去闯荡，科学家	快点长大，科学家	快点长大

续表

	世代指标	60世代	70世代	80世代	90世代	00世代
消费行为	儿时的经典零食	大白兔奶糖、冰棍	雪糕、酸梅粉	大大泡泡糖、咪咪虾条、麦丽素	干脆面、娃哈哈、卜卜星	辣条
	儿时的经典玩具	弹弓、沙包、滚铁环	跳绳、沙包、变形金刚	芭比娃娃	电动玩具、乐高、芭比娃娃	悠悠球
	青春期最红的偶像	刘晓庆、邓丽君、高仓健	黄家驹、"四大天王"	"F4"、王菲、"四大天王"、周星驰	周杰伦、陈奕迅、蔡依林	TFBOYS
	结婚三件套	电视机、电冰箱、洗衣机	房子、车子、票子	房子、车子、票子	房子、车子、票子	
	最崇拜的偶像	雷锋	阿里巴巴	周星驰、周杰伦	周杰伦、阿里巴巴	TFBOYS
	青春期最流行的服饰	喇叭裤	喇叭裤	牛仔裤	耐克、阿迪达斯	牛仔裤、窄脚裤
	青春期最重要的电子娱乐设施	手提式录音机	电子游戏机	小霸王学习机、索尼游戏机	手机、PlayStation、电脑上网	智能手机、虚拟社群
	消费观	多存少花	勤俭节约	有多少花多少	喜欢就买、先享受、存钱等以后再说	
	理财	存款	房产、存款	定投、股票、基金	余额宝、不理财	
	成长期的通信工具	公共电话	固定电话	手机	手机	智能手机

资料来源：卢泰宏，周懿瑾. 消费者行为学：洞察中国消费者. 4版. 北京：中国人民大学出版社，2021.

总体而言，中国的 70 世代与 80 世代出现了明显的代际差异。80 世代是中国最早的独生子女，"小皇帝"曾经成为 80 世代儿童的典型形象，这也可能造成了这一代人孤独自我的性格特征。2000 年以后出生的人也被称为"数字一代"和"数智一代"。2000—2009 年出生的一代属于"互联网原住民"，是跟互联网一起成长起来的人群。他们沉浸于虚拟社群和线上内容平台及网络游戏，独立自信，信奉独身主义。2010—2019 年出生的一代人与 AI、算法、智能机器人相伴成长，其创新意识更强。

了解每个消费者世代的价值观和消费行为特点，为我们更精准地锁定目标人群奠定了认知上的框架基础。

5.2　新消费八种典型人群划分法

"淘系"和"抖系"对消费人群的分类，是在人口统计学原理的基础上，结合其数亿用户数年消费行为的数据化积累而进行的，具有非常高的参考价值。新品牌或新产品在推出时就是要精准定位于某一类人群。这里归纳了三类八种主力消费人群。

一、中坚力量人群

中坚力量人群是消费市场的主力人群，也就是消费能力最强的一类人群。

1. 资深中产

主要特征：以"70后""80后"为主，年龄在35～49岁，主要居住在一、二、三线城市，以公司高管、公务员、金融和IT行业职员等为主。他们的事业发展更为成熟，收入相对较高。这类人群的消费观更加理性，注重产品的品质和体验，对新事物和新品牌的接纳度稍弱。

2. 新锐白领

主要特征：以"85后""90后"为主，年龄在25～35岁，主要居住在一、二、三线城市。这类人群正处于事业的上升期，工作节奏较快，对消费的便利性要求高。这类人群乐于尝试新鲜事物，对新品牌的接纳度高。同时，这类人群也面临着高消费、高生活成本，被称为"隐形贫困人口"，在消费上讲究性价比。

3. 精致妈妈

主要特征：从孕期到小孩12岁以内的女性，主要居住在一、二、三线城市。这类人群更愿意为自己的身材、容颜、健康买单，也是孩子和全家生活用品的主力购买者。她们热衷于线上购物，线上消费力最强。

二、新势力人群

新势力人群是潜力型消费群体。他们成长在物质相对丰富的环境中，消费观念比较前卫、大胆，消费额增速最高。这类人群是新消费品牌重点营销的人群，因为他们代表了新时代的消费趋势，占据了新时代沟通交互的主阵地。

1. Z 世代

主要特征：以 1995—2010 年出生的一代人为主，居住在一、二、三线城市，现阶段主要身份是学生。他们热衷于利用互联网消费、休闲和娱乐。他们的消费活力最旺盛，他们对新奇有趣的事物充满热情，更加乐于参与品牌互动，能影响品牌的舆论走向，是中国新消费品牌着力打造的关键意见领袖。但他们对品牌的忠诚度普遍较弱，易受品牌吸引，易转换品牌。

2. 小镇青年

主要特征：以"90后""00后"为主，年龄在 18～30 岁，居住在四线及以下城市。他们的消费紧追潮流，而低房价、低消费水平使得他们没有过大的经济压力，也就具有了可观的可支配收入。

三、蓝海人群

蓝海人群是互联网消费时代下消费额处于增长期的一类人群。他们因为相对低的收入或相对追求安稳的生活，对产品的性价比要求较高，但这也制约了他们总体上的消费额的增长。

1. 都市银发

主要特征：50岁以上，主要居住在一、二、三线城市，拥有较为充足的退休金等收入。该群体偏爱折扣产品，重视亲戚、朋友关系的维护，社交裂变的推荐对他们影响较大，他们的线上购物习惯仍待进一步培养。

2. 小镇中老年

主要特征：大于 30 岁，居住在四线及以下城市。他们的生活节奏慢，休闲时间多，但受消费习惯和收入水平的影响，其线上消费偏低，以跟随性消费为主。

3. 都市蓝领

主要特征：25～49 岁，居住在一、二、三线城市，主要从事餐饮、运输、零售等行业工作，大多居住在城市郊区或城中村。他们整体收入偏低，家庭支出压力大，购物追求性价比。

5.3 趣缘圈人群细分法

在新消费时代，人群开始以不同的"圈子"划分。圈子的背后是打破人群在地域、年龄、性别上的差异，人群以"趣缘"为中心聚拢。圈子既会快速碎片化，也会重叠交互。因此，对消费者的细分，应该建立在互联网平台和大数据基础之上的若干"圈子"，即以"趣缘圈"为基础进行人群细分。这种细分方法是传统营销技术无法企及的。

要理解"圈子"的概念，首先应理解"圈层"的概念。

"圈层"最早是地质学上的概念，是指地壳、地幔、地核等不同的物质分层，它们构成了地球的结构。把圈层的概念延伸到社会学科层面，就可以对不同的人群进行分层，也就是将人群进行"圈层化"。圈层是人们以情感、利益、兴趣等维系的具有特定关系模式的人群聚合。在互联网还没有足够发达之前,"圈层"更多体现在以地理位置、社会阶层、职业身份、富裕程度等相关联元素对人群的分类上。

随着互联网技术的发展,尤其是4G时代以后,一些社交软件得到了极大发展,诸如微信、微博、抖音、小红书等商业化社交平台再一次把"圈层"变成了一个个界面清晰、紧密度极高、参与感很强的"圈子"。这些圈子体现在消费市场上,就会呈现出三个特点。

特点之一,每个人都会加入很多圈子,圈子呈现碎片化特征。基于家庭、工作、朋友、兴趣,每个人在每个圈子里都有不同的身份。从营销传播的角度来看,传播也更为碎片化。同时,由于消费者加入了多个圈子,商品植入应该切入更多的圈子中,从而叠加的信息会更高效。

特点之二,圈子之间有"圈子隔阂"。比如,即使是丈夫和妻子,各自也会有很多不同的圈子。他们分别掌握不同的信息,且彼此之间可能差异还很大。比如,丈夫很熟悉的一个钓鱼竿品牌,妻子可能完全不了解;同样,妻子很熟悉的一个护肤品品牌,丈夫对它可能是完全陌生的。因此,精准营销很重要。

特点之三,圈子之中的人有等级和影响力的不同。这种等级化往往是因为个人在圈子里的活跃度和话语权不同而形成的。一个圈子的成员往往会分为"领袖成员""主体成员""边缘成员"

三类。这三类成员在传递信息的强度和影响力上，会有很大的不同。圈内的领袖成员往往能引领圈内其他成员的购物倾向。我们可以看到，近几年中新崛起的消费品牌都普遍发挥了网红群体的主导力量。

"趣缘圈营销"对企业制定营销策略有重大影响。

"趣缘圈"是圈子的一种具体表现形式，是指人们因相同的兴趣和爱好而结缘所形成的网络空间。我们在这里强调的是网络空间，而不是线下的某个空间。

互联网和移动通信技术的快速发展，以及"圈子"碎片化、隔离化和等级化特征，导致品牌营销会采用不同的策略导向。

传统的品牌营销惯常按照地理位置、年龄结构、性别等特征，对人群进行结构化细分，然后选择相应的媒介形式去覆盖相关人群。然而，在人群的"圈子化"趋势下，人群的分类要更加聚焦于不同的趣缘圈。

比如你的品牌主打轻食产品，单纯锁定人群的地理位置、年龄结构和性别特点已经远远不够，而要更加深入地切入喜爱轻食产品的若干圈子。这些趣缘圈可能是由不同地方、不同年龄、不同收入状况、不同性别的人构成的。此时，营销推广的目标，就变成了如何去寻找对产品感兴趣的若干圈子，并且通过什么渠道能将产品触达这些目标人群，以及通过什么营销手段能达到你的传播目的。

如何开展趣缘圈营销，我在这里将其总结为三个步骤。

第一步，在互联网上找到你的核心趣缘圈。

新消费品的核心用户在网络上集中，也在网络上聚群，我们更容易通过数据化筛选来掌握这些趣缘圈的情况。通过诸如抖音、快手、小红书等新型社交平台的大数据，你可以很快搜寻到属于你的核心趣缘圈。

第二步，由趣缘圈中的核心用户群体向外围用户群体逐层传递，我称之为"涟漪化营销"。

趣缘圈的核心，从营销的角度来看，就是网红。以网红为中心，她或他的周围就形成了一个个有话语权和影响力的趣缘圈。网红在向自己的趣缘圈成员进行信息传递时，商品的转化效率要高很多。品牌方要找到趣缘圈中的核心成员，要让他们对你的产品感兴趣，他们才能更充分地发挥自己的影响力。新品牌在发展的初期，应先聚焦于将资源在最核心的趣缘圈推广，先把核心的趣缘圈打透。

第三步，由核心趣缘圈向其他趣缘圈跨越，我称之为"出圈营销"。

出圈的策略有两种：一种是"自己出圈"，另一种是"跨界出圈"。自己出圈是指，自己不断扩展自己的趣缘圈群体，比如，小仙炖品牌就不断地从"减肥圈""护肤圈"扩展到"孕期保养圈""冻龄圈""贵妇圈"等。跨界出圈指的是，与其他品牌联名推广，品牌之间互相参与对方用户的圈子。比如汉服品牌三泽梦选择与花西子联合，推出以国风为基调的粉色系汉服，在展现东方文化魅力之余，提升了品牌的价值，实现了破圈营销。还比如，钟薛高与娃哈哈联名推出了一款"未成年雪糕"，切入未成年圈层；与泸州老窖推出"断片雪糕"，跨圈到"酒圈"。它还更进一步，与网络平台和零售平台联名，如跟天猫合作，推出"发呆"雪糕，与盒马鲜生合作，推出车厘子口味雪糕等。出圈营销已经成为新消费品牌营销的常态。

5.4 以生活方式划分人群法

生活方式又称生活形态，它起源于社会学。从经济学的角度来看，生活方式代表消费者所选择的收入分配方式，包括在不同产品和服务上的分配，以及在这些品类里所进行的特定选择。生活方式决定着消费者的消费观念、兴趣和态度。

基于生活方式的细分方法，最著名的是由美国加利福尼亚的 SRI（Standard Research Institute）国际公司开发的价值观及生活方式（value and lifestyle survey，VALS）模型。VALS 模型的全称为"价值观及生活方式调查"，是研究消费者生活方式的方法之一。它充分运用人口统计、价格观念、态度倾向和生活方式变量来研究美国消费者的分类。

1989 年，SRI 对原来的 VALS 模型进行大幅修改，推出 VALS2 模型。VALS2 模型的测量主要基于 4 个人口统计变量和 42 个行为倾向性题项。

VALS2 模型通过两个维度把跟消费有关的人群分成若干不同的群体。每个群体由于地位和生活方式不同，会有不同的价值观，从而有不同的消费观。针对每个群体的价值观，品牌可以有针对性地开展营销活动。图5-1是运用这一模型对美国的消费人群进行的八种分类。

图5-1 美国消费人群 VALS2 生活方式细分框架

（1）现代者：乐于赶时髦，善于接受新产品、新技术、新的分销方式，不相信广告，阅读大量的出版物，轻度电视观看者。

（2）实现者：对名望不太感兴趣，喜欢教育和公共事务，阅读广泛。

（3）成就者：被昂贵的产品所吸引，主要瞄准产品的种类，中度电视观看者，阅读商务、新闻和自助出版物。

（4）享乐者：追随时髦和风尚，在社交活动上花费较多的可支配收入，购买行为较为冲动，留意广告，听摇滚乐。

（5）信任者：购买美国造的产品，偏好变化较慢，寻求廉价商品，重度电视观看者，阅读有关退休、家庭、花园和其他感兴趣的杂志。

（6）奋斗者：注重形象，拥有有限的灵活收入，但能够保持信用卡的平衡；花销主要集中在服装和个人保健产品上；与阅读相比，更喜欢观看电视。

（7）休闲者：购买商品只是为了让自己更舒适，几乎不会被奢侈品打动，通常仅购买基本的适用性产品，如收音机、汽车、家用机械、垂钓用品，阅读户外领域杂志。

（8）挣扎者：忠实于品牌，使用赠券，观察品牌的销售情况，相信广告，经常观看电视，阅读小型报纸和女性杂志。

中国学者和研究机构针对 VALS 模型的研究不多。有资料显示，中国学者吴垠曾在 2005 年提出了 CHINA-VALS 模型（见图 5-2），对中国消费者进行了 14 个族群的分类，并分析了每个族群的消费特点（见表 5-2）。

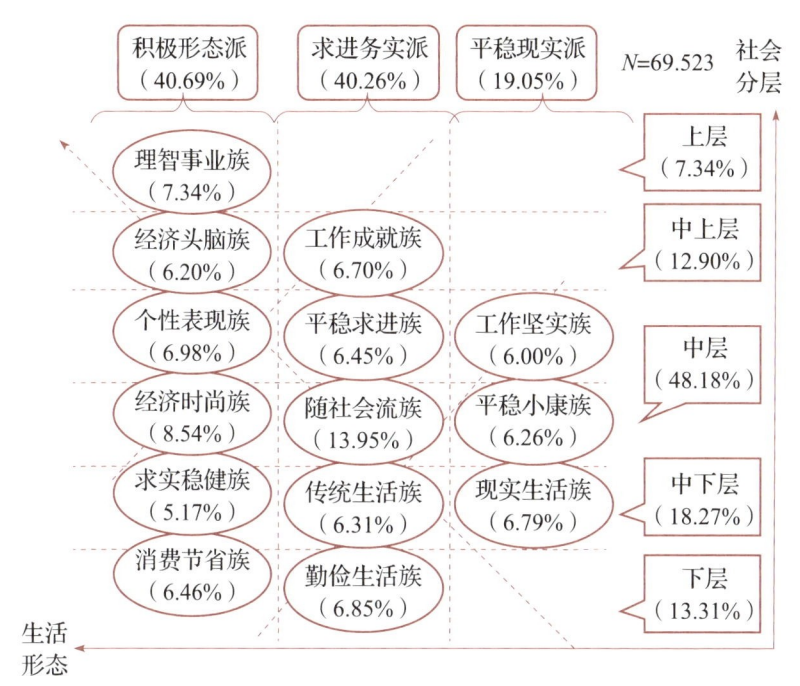

```
                                                              社会
   积极形态派    求进务实派    平稳现实派    N=69,523    分层
   (40.69%)    (40.26%)    (19.05%)
                                                           上层
        理智事业族                                        (7.34%)
        (7.34%)
                                                          中上层
       经济头脑族    工作成就族                          (12.90%)
       (6.20%)     (6.70%)

       个性表现族    平稳求进族    工作坚实族
       (6.98%)     (6.45%)     (6.00%)              中层
                                                   (48.18%)
       经济时尚族    随社会流族    平稳小康族
       (8.54%)     (13.95%)    (6.26%)

       求实稳健族    传统生活族    现实生活族          中下层
       (5.17%)     (6.31%)     (6.79%)            (18.27%)

       消费节省族    勤俭生活族                           下层
       (6.46%)     (6.85%)                        (13.31%)
生活
形态
```

图 5-2 CHINA-VALS 模型

表 5-2 中国消费者 14 个族群的特征描述

略称	特征描述
经济头脑族	经济 IQ 型，消费经济意识强，货比三家，对金融投机具有冒险精神。家庭观念弱。男性占 60% 以上，年龄分布较均衡。企业管理人员与自由职业者、大专及以上文化程度、中高收入倾向性高
求实稳健族	追求实际，喜欢自主行事。注重平面媒体信息，对广告不注意，特别对名人广告持反对态度。购物比较注意包装说明。喜欢用现金，将富余的钱存入银行。饮食比较讲究。注重工作稳定。男女比例基本平衡。党政机关/事业单位干部、中低收入倾向性高
传统生活族	重视家庭生活，消费态度较为积极，行为趋向集团性，女性占 60%，工作特征倾向性不明显

续表

略称	特征描述
个性表现族	家庭观念一般，行为倾向随心所欲，注重生活享乐。注重饮食。男女比例基本平衡。年轻人群占46%，个体户/自营职业者、自由职业者、中等教育程度倾向性高
平稳小康族	行为稳重、实际，对平面媒体几乎没有阅读习惯。拥有自己的房子才会觉得稳定。男性占60%以上，个体户/自营职业者、自由职业者、中等教育程度、中等收入倾向性高
工作成就族	追求工作成绩远胜于追求金钱，经常有冲动行为，情感行为积极，有娱乐活动。喜欢购买具有独特风格的产品。注意广告、健身。成就欲强。专业人员、大专及以上文化程度、中等收入倾向性高，女性占60%，年轻人群居多
理智事业族	事业成就欲望极强，饮食生活超过社会平均水平。男性占70%，党政机关/事业单位干部、企业管理人员、大专及以上文化程度、高收入倾向性高
随社会流族	追随社会潮流、个体主观性较弱，易受他人影响。男女比例、年龄分布较均衡。工作特征倾向性不明显
消费节省族	对消费十分谨慎，购物"货比三家"。理财行为保守。食物消费主要是满足生理层面的需求。购物时不太注重品牌。娱乐主要是看电视。工作是为了谋生。男女比例基本平衡。企业一般职工、初等教育程度倾向性高，党政机关/事业单位干部、专业人员、企业管理人员倾向性低
工作坚实族	工作是谋生的手段，生活方式上求实。愿意多花钱购买高质量的物品，注意广告。拥有自己的房子才会觉得稳定。对股票具有冒险精神。男女比例基本平衡。大专及以上文化程度倾向性高
平稳求进族	工作并非仅仅是谋生手段，生活态度上趋于追求金钱以外的表现或变化。男女比例基本平衡。党政机关/事业单位干部、专业人员、大专及以上文化程度、中等收入倾向性高
经济时尚族	经济水平有限，消费行为相对谨慎，但是生活意识趋向求新求异。对喜欢的品牌忠诚度最高并喜欢尝试新的（国外）品牌，认为名牌可以提高身份。注重健身。男女比例基本平衡。工作特征倾向性不明显，中等教育程度倾向性高

续表

略称	特征描述
现实生活族	生活态度倾向于传统意识,经济收入水平较低。更愿意购买国产品牌。购物比较注意包装说明。男女比例基本平衡。55~64岁者占34%。党政机关/事业单位干部倾向性略高,中等教育程度、中低收入倾向性高
勤俭生活族	对平面信息及广告的关注度有限,有长时间看电视的行为,存有投机发财的心理意识。女性占60%,55~64岁者占35%。工作特征倾向性不明显。初等教育程度、中低收入倾向性高

从全球范围来看,对 VALS 模型的深入研究还不多见。据说美国的 VALS 模型已经有第三代研究成果了,但是在公开资料上还未见到。

其实,在我看来,每个国家都有自己的文化特征所塑造出的人群价值观。新消费品牌可以运用 VALS 模型的方法论总结自己品牌的目标人群的价值观特征。价值观为什么很重要?因为价值观决定了你与用户沟通的内容以及用户对你的信任度和认同感,这点对于品牌的建立非常重要。而以生活方式来进行人群细分,更多地应用在"精神化品牌"的打造上。

5.5 用户画像法

一、什么是用户画像?

用户画像就是在"用户洞察"的基础上,针对目标用户群体所描绘出的一组或几组典型的消费人群特征，并把这些特征具象到某一个人身上，提炼出他的身份特征、行为特征和价值观特征，从而可以更好地识别出他在这些特征的影响下，如何消费产品的整个过程。

二、用户画像的价值

精准的用户画像是我们开展数字化营销的基石，它的价值主要体现在以下几个方面。

1. 寻找和构建产品的差异点

在仔细分析用户的三个主要特征（身份、行为、价值观）的基础上，我们可以发现用户在消费竞争产品上的"强点"和"弱点"，或者是发现用户的"未满足点"，从而建立起一个差异化的"强定位"。我们需要通过用户洞察发现亿万受众中的那一小群——他们在使用我们的产品时，会产生与使用其他产品不一样的产品认知、使用体验和满足感。我们的用户画像要把这些尽可能地勾勒出来。

2. 精准广告创意

我们一旦确定了"强定位"，就可以针对目标用户群体进行精准的广告创意。我们可以分析他们的各种有利属性和价值观，然后有针对性地创造出更有效果的广告。

3. 精准广告投放

当我们更精准地锁定了用户的属性和标签后，我们就可以通过数字化营销的方式，更精准地推送广告，从而使得广告的效率更高，且与竞品相区隔。在我们锁定的"价值定位"中，若我们是最强大的那一个，我们就可以打价值战，而不打价格战，品牌整体利益将能得到最大体现。

三、用户画像的核心技术

前文已经提到，用户画像的核心有三个，即用户的身份属性、行为属性和价值观属性。每个属性之下可以再分割为若干个"标签"。下面我们稍做展开。

1. 用户的身份属性

用户的身份属性主要是指用户的年龄、性别、地域、收入、职业等。利用这些属性可以生成不同的标签，定义不同的用户群体。但是，只有用户的身份属性，我们还不足以找到自己的用户群体，这太过宽泛，且不独属。

2. 用户的行为属性

我们要拆解用户在使用产品时的整个流程，发现用户在消费产品时的新利益点，从而重构用户在使用产品过程中的价值点，并把这一价值点放大。绝大部分成功的新消费品均是重构了用户的使用价值感。因此，我们在绘制用户画像时，要把用户的差异化行为属性描述得更为具体和详细。

3. 用户的价值观属性

近似的价值观是用户与品牌或产品建立起亲近关系的一

种心理认知。即使用户在"身份属性"和"行为属性"上与品牌具有很强的一致性,我们也可以通过"价值观属性"进行有效的差异化。比如可口可乐和百事可乐在"经典可乐"和"新一代可乐"上的不同定位。因此,我们在定义用户时,也应该描述用户的核心价值观体系,以便于广告的有效沟通和精准投放。

四、用户画像的迭代与扩展

在新消费品投入市场前,我们先要绘制一幅用户画像。这幅用户画像也许是我们想要的,但也许是错误的。通过一段时间的运营,我们可能会发现,实际购买产品的用户群体与我们之前的用户画像存在差异。数字化营销的厉害之处,就是可以快速解决"货找人"的难题,且是低成本的。现有的内容和电商平台如抖音、快手、小红书、京东、天猫等,已经给每个用户打上了数百个乃至数千个用户标签,从而可以更精准地筛选出新产品的用户标签群组。我们可以根据这些标签群组的变化进行用户画像的迭代,这项工作可以每三个月做一次。

在用户画像迭代的基础上,我们可以做用户画像的扩展。比如,现有的用户群体我们已经挖尽了,在进一步扩展用户群体时,可以通过用户画像的扩展技术,分阶段、分层级、分圈层地进行。

5.6 专题：消费者洞察

一、什么是消费者洞察

消费者洞察（consumer insight）是指发现消费者内在的心理特征和行为特征，从而指导企业商业行为的一种营销方法论。洞察的英文 insight 可以拆分为两部分：一是 in（洞），代表内在的；二是 sight（察），代表发现、看到的。合在一起就是发现和查明消费者内在的消费心理和行为特征。

消费者洞察是成功营销的基石，决定着产品定位和营销策略的成功与否。消费者洞察是整个营销环节中最复杂和最困难的决策环节之一。理解这个概念往往很容易，但在实际运用中却最为惊险。

二、消费者洞察在产品营销上的两点核心应用

1. 定义新产品时的消费者洞察

我们在设计产品时，往往需要找到消费者的真正需求和自己与竞争对手的不同之处，而准确的消费者洞察并不容易得出。苹果的乔布斯就说他从不相信市场调研的结论，这尽管有些绝对，但也道出了通过市场调研进行消费者洞察的困难。

举个例子，曾经担任可口可乐营销副总裁的拉米拉斯就曾经讲过他早期在宝洁公司的一个案例。当时他在南欧市场负责宝洁

旗下的一个清洁剂品牌。当他去询问消费者"你想要什么样的家用清洁剂"时，他得到的反馈是"性能更好的"。于是他强化了产品配方，将产品升级后推向市场。你认为他成功了吗？答案是并没有。

另一个清洁剂品牌 Ajax 通过不同的调研方法，得到了另外一种消费者洞察：南欧的女性平均一星期会清理六次厨房，所以她们其实并不是真的需要她们口中所说的"性能更好的清洁剂"，于是 Ajax 通过研究女性的厨房清洁过程，发现她们更需要泡沫少一些的温和产品，这样才能减少每天冲洗地板的时间，才能省时省力；此外，她们还想从中获得一种大功告成的满足感。于是，Ajax 并没有开发更强力的清洁剂产品，而是开发了有更少泡沫和有更持久香味的升级品。最终结果——Ajax 赢了。

上述案例说明了一个道理，即消费者嘴上告诉你的结论往往不能当作消费者洞察的最终结论。福特汽车的创始人老亨利·福特就曾经说过一句很有名的话：如果你问你的消费者需要什么，他们会说需要一辆更快的马车。因为消费者在看到汽车之前根本不会想到还有比马车更好的交通工具。这也是苹果公司的乔布斯从不做市场调研的原因。在科技产品领域，创始人的直觉更重要。但对于一般消费品，通过市场调研获得深度消费者洞察是一种可靠的方法。当然，消费者直接告诉你的需求点往往不是真正的需求点。对于他们需要什么样的产品，营销员需要仔细分析消费者背后的消费逻辑和使用习惯,从而从中提炼出真正的消费者洞察。

2. 营销沟通时的消费者洞察

把产品优势转化为消费者的认知优势,这中间存在着鸿沟。跨越这种鸿沟的主要方法有三种。

(1)从研究成功竞品的定位口号入手。

成功的竞争对手往往抓住了目标消费者的基本需求点,它们的定位口号在一定程度上反映了消费者购买的基本理由和事实。当你跟消费者沟通时,可以按照竞争对手已经成功的卖点进行强化,或者另辟蹊径。要在"有所同"的基础上,创造一些"不同点",即以"不同点"出奇招,以"相同点"做防守。

(2)从研究消费者的使用场景和习惯入手。

研究消费者使用产品的场景和消费者的使用习惯,重构消费者消费产品的整个流程,从中发现消费者新的感知点和尚未充分满足的点。评估消费者对这些感知点的关注强度,重构沟通概念。

(3)从研究消费者的价值观入手。

价值观是人对世界万物的判断、认知和偏好,价值观深度影响着消费者对品牌的好感度。研究与归纳目标消费者的价值观,使用消费者喜爱的词语、画面、事件、故事等与消费者沟通,是品牌传播沟通的必要选择。

价值观也有分层,我们需要区别对待。比如,人类共同的价值观有：热情和好奇；自由和创造；友善、忠诚和团结；享受；谦逊、信任和宽容；希望和乐观；自控；威信和魅力；决心、成就和自信等。我们应该将基于时代的价值观和基于人群的价值观相结合来制定沟通内容，比如年轻人的"卷"和"躺"，年轻妈妈的育儿焦虑等。越具体、越细微的认知，越能制作出感动人的广告。

最终，我们可以为潜在用户"画像"。

5.7 专题：Z世代消费者的价值观和消费观

1. Z世代是什么

Z世代通常指出生于1995年到2010年的人群。这类人群最大的特征是跟随着互联网的发展而成长起来，他们也被称为"互联网原住民"。因此，他们的很多价值观和消费观都与深度参与互联网应用有关。据统计数据，美国的Z世代已经达到6 700万人，而中国更是达到了2.6亿人以上，并已带来5万亿元的联动消费。Z世代已成为新消费品牌的意见领袖。

2. Z世代的价值观

Z世代的价值观带有明显的互联网基因。有四组关键词可以描述Z世代的价值观。

一是独立与平等。他们的个性更加独立，他们善于发表自己与众不同的意见，同时由于视野更加开阔，信息差较小，他们更加追求与外界关系的平等。

二是包容与合作。因为互联网将他们与世界不同的群体相连，他们更能理解不同的国家、不同的种族、不同的族群所引发的不同，因此有着更强的包容性。因为从小理解各种不同的存在，他们更易于理解合作的价值。

三是参与与适应。他们有很强的政治意识，会主动投入到环保和社会事务中。他们希望这个世界更美好，也更愿意去参与。同时，他们也更加适应与不同的群体打交道，不管是祖父母辈还是父母辈。

四是自我与现实。他们更加关注自我感受，在与外界沟通时，更多地强调"我喜欢"。但他们又是实用主义者，在做选择时，又倾向于多信息筛选和保守。

3. Z世代的消费观

以下关于Z世代的七种消费观，是新消费品牌必须要熟知的。

（1）平等性消费。他们在选择品牌时，并非仰视，他们喜欢平等对待。能倾听他们并与他们坦诚对话的品牌，才是他们的最爱。他们强烈反对高高在上的品牌。

（2）悦己消费。他们更加喜欢有个性、符合自我价值观的品牌。他们购买该品牌的商品，不是因为"我喜欢有这种价值观的品牌"，而是因为"这个品牌符合我的价值观，所以我才喜欢"。

（3）乐于尝鲜。乐于尝试各种不同的新产品，以获得选择上的快感。

（4）强调参与。他们喜欢跟品牌互动，无论是点赞、评论还是互怼，这都是他们表达参与的方式。品牌若无视他们的意见，他们也会毫不客气地无视品牌。他们更喜欢与品牌一起成长，也愿意跟着品牌一起去探索更多的可能性。不能带来更多可能性的品牌，将不会获得 Z 世代的青睐。

（5）重视产品的内外兼修。他们不仅重视产品的外观，也同样重视产品的品质。仅靠外观，品牌难以留住 Z 世代。

（6）理性看待 KOL。他们喜欢偶像，但不迷信。他们供养偶像而不信仰偶像。他们更喜欢那些接地气的网红和明星像朋友那样给他们推荐商品。

（7）国潮正当时。Z 世代在认识和理解这个世界时，中国已处于高速发展阶段，从而对于中外品牌认知上的差异他们并不像他们的父母辈和祖父母辈那样明显。他们在对待中国传统文化上，显示出了比其他各代人更宽泛的接受度。

| 第六章 |

设计你的品牌人设

设计你的品牌人设，是规划营销战略的第三步。品牌打造品牌人设是在为品牌自己画像，是在建构一套消费者对品牌的人格化感知体系。品牌人设是品牌个性和品牌价值观的结合体，是品牌定位的基础，是建立品牌"认同感"的重要环节。品牌人设主要应用于内容营销场景下，具有战略性、纲领性、全局性的指导价值。

品牌故事

三只松鼠——IP 营销的另类玩法

三只松鼠诞生于 2012 年，主要经营坚果和休闲零食。三只松鼠从淘宝起家，于 2019 年成功上市，被媒体誉为"国民零食第一股"。

近几年，三只松鼠的年销售额已超 100 亿元，十年间三只松鼠已累计销售超过 540 亿元。三只松鼠是天猫店铺粉丝数第一品牌，用户数累计超过 7 亿，牢牢占据线上线下同业态坚果零食全行业第一的宝座。三只松鼠作为少数能够从"淘品牌"中最终走出来的国民品牌，与它实施积极主动的 IP 化品牌战略紧密相关。

三只松鼠的 IP 是怎样炼成的？它又是如何获得了巨量的粉丝？

对于"三只松鼠"品牌名的创意，创始人"松鼠老爹"章燎原第一个想到的是，最爱吃坚果的是松鼠。可惜"小松鼠"已无法注册商标。有一天，章燎原的儿子在看《三个火枪手》动画片，章燎原顿时灵感一闪——"三只松鼠"。于是，这样一个体现萌趣、自然、健康品质的品牌诞生了。

三只松鼠从一开始就有清晰的目标：要创建一个传递爱和快乐的品牌。

初创时期，"松鼠老爹"思考最多的不是企业如何运营，而是如何创建一个有情感、能带给别人快乐的坚果零食品牌。他希望三只松鼠在给消费者带来美味的同时，更能使他们充分感受到"爱与快乐"的生活文化。

在品牌角色上，三只松鼠通过拟人化的手法打造了三只性格迥异的萌态松鼠，并赋予了它们不同的名字和人格特征："松鼠小贱"爱卖萌，"松鼠小酷"是技术宅，"松鼠小美"则是现代女性的代表。三只萌态小松鼠给消费者留下了积极、健康、快乐的直观印象。

同时，三只松鼠也把自己定位为一家真实、有温度的企业，公司员工扮演的都是一只只"萌萌哒"小松鼠，而且必须以松鼠的口吻来与消费者交流，称对方为"主人"。这种沟通和用户服务方式特别新颖有趣，促进了三只松鼠在零食特产品类中迅速脱颖而出。

以IP为原点，三只松鼠构建起全国化的品牌认知，并通过IP形象逐渐衍生出更多的IP化产品；构建出松鼠小镇等多元化生态，实现品牌人格化的全方位展现；赋予品牌以产品之外的情感，不断赋予品牌以新的生命力，把三只松鼠的IP形象推向更高的层次。

如三只松鼠推出了"松鼠小镇"计划，首家门店于2020年在安徽芜湖开门迎客，仅一年就累计迎接了170万余位"主人"。2021年1月，三只松鼠打造的《三只松鼠之中国行》正式上线，不仅当月播放量在湖南卫视同期播放量排行榜中位居第一，且目前全网播放量已突破2亿次。以其为代表的"三只松鼠"系列动画片和抖音短视频等也收获了超高人气,其中动画片观看量已累计超过 2 亿次,网络播放量已累计超 30 亿次,累计覆盖超 6 亿观众。三只松鼠动画短视频在各内容平台矩阵上的粉丝数已累计超 1 000 万。

2021 年国庆节期间,三只松鼠与摩尔庄园的联名营销活动也强势开启,为"主人"带来更多新惊喜。此类线上线下全域营销合作并非浅层次的产品或话题联名,而是结合了 IP、产品、物料、全域流量等的深度营销合作,打通了线上线下的流量壁垒,强化了三只松鼠的 IP 形象,并衍生出了新的消费场景。

此外,三只松鼠还开发了很多周边产品,如牙膏、眼罩、抱枕、手机壳等。在品牌成立五周年庆典现场,三只松鼠还发布了全新品牌——松鼠世界潮牌服饰,表示进军服装领域。无论是国潮联名还是特制文创,三只松鼠通过"破圈"文创周边产品,向外界不断传递三只松鼠的品牌价值,聚拢了新消费时代最具价值的粉丝群体,也成为一个真正有品牌人设的品牌。

三只松鼠在创建自己的品牌人设上,做了很多开创性工作,为品牌打造了与众不同的特性,值得我们学习。

6.1　什么是品牌人设

品牌人设(brand personality)即品牌的人格化,是将品牌赋予人格化特征,让受众将品牌当作"人"来相处。品牌个性和品牌价值观是品牌人设的内核，品牌人设既是品牌个性与品牌价值观的自然体现，也是建立"品牌认同感"的关键构成部分。

有生命力的长寿品牌都是有人格原型的。成功的品牌人设可以拉近品牌与消费者的情感距离，促使二者建立起比较长久的信任关系。比如麦当劳呈现的是一个纯真的、可信赖的、能带给你欢乐的麦当劳叔叔的个性形象，奔驰呈现的则是一个代表高效、勇于进取的智者形象。中国品牌与国外著名品牌的差距往往就体现在品牌人设塑造的差异上。

利用不同的产品属性固然可以设计出不同的人格特征，不过即使利用相同的产品属性，也能设计出不同的人格特征。比如，把可口可乐和百事可乐这两个百年品牌进行比较：可口可乐是一个坚守传统的、家庭感比较强的、平易近人的老朋友的形象，而百事可乐则更像一个洋溢着青春的、具有娱乐与开拓精神的年轻人。

品牌人设的价值主要体现在以下三个方面：

一是打造品牌的差异点：在功能属性差不多的情况下，以品牌的不同人格特征打造品牌差异。

二是增强品牌的传播力：把品牌视为一个人，品牌的人格化魅力则容易得到好的转播。

三是建立与用户的深度关系：物以类聚，人以群分，品牌的人格化可以使品牌更好地与用户建立忠诚的关系。

新消费品牌在制定战略时的一个重要出发点就是要设计"品牌人设识别体系",即构建品牌的人格化体系。这个人格化体系是品牌开展后续一系列营销活动的基础,不可轻易变动,因此我把它视为一种战略层面的设计。

构建品牌的人格化体系包括以下四个主要方面,我随后将展开讲解。

一是确定品牌人设原型。

二是给自己的品牌画像。

三是挖掘品牌人设故事。

四是品牌人设的一致性传播。

6.2 确定品牌人设模型

品牌人格特征是品牌人设的基础,品牌人设则是品牌人格特征的外延和深化。美国学者玛格丽特·马克和卡罗·皮尔森按照人格的底层属性开发了 12 种品牌人格模型,将品牌人格特征分为 4 个大类,每个大类下又包括 3 种具体的人格特征。

(1)独立类人格:包括纯真者、探险家、智者。

(2)从属类人格:包括平常人、情人、娱乐者。

(3)冒险类人格:包括英雄、颠覆者、魔法师。

(4)稳定类人格:包括关怀者、创造者、统治者。

下面我对这 12 种人格特征逐一说明。

人格1：纯真者——永葆年轻纯真的梦想。

品牌代表者：麦当劳、迪士尼。它们的故事停留在人们的童年时代，帮助人们唤起纯真的少年时代的那种单纯的快乐感。

人格2：探险家——勇于探索未知事物，放飞个性。

品牌代表者：路虎、探路者。他们拥有张扬自我、放飞自我、寻找自我的"探险家"的心理特征。

人格3：智者——探求真理，有智慧的头脑。

品牌代表者：知乎、果壳、百度、喜马拉雅等。大部分的知识型平台都以智者自居，它们是代表着知识和技能的老师。

人格4：平常人——自在做自己。

品牌代表者：京东、淘宝、微信。它们的品牌Logo就是一种大众化的描述。但平常人也有追求幸福生活的权利，平凡并非意味着无能——我只是在做真实的自己。

人格5：情人——我的眼里只有你。

品牌代表者：雅诗兰黛、香奈儿。我会把你当作自己的情人——你说的都是对的，你做的都是对的，我会宠着你。

人格6：娱乐者——好玩会玩，才是人生的真谛。

品牌代表者：抖音、B站、杜蕾斯。娱乐者以欢乐的视角看待生活，拒绝古板和不苟言笑。

人格7：英雄——勇敢做英雄。

品牌代表者：红牛。英雄有坚定的意志和执着的毅力，为了达成目标，不惜一切代价。他们坚毅、果敢、奋斗，其他人总是仰视他们，并从他们身上获得鼓舞。

人格8：颠覆者——勇于实现不可能实现的梦想。

品牌代表者：苹果、特斯拉。它们总是有些不安分，总想着要改变世界。它们不仅有想法，而且会付诸实践。它们有颠覆世界的能力，总是取得让人无法想象的成果。

人格9：魔法师——重组元素，让世界有点魔幻色彩。

品牌代表者：Uber。它可以不断刷新你的认知，比如一键呼叫飞机、一键呼叫乌篷船。

人格10：关怀者——像家长或朋友一样关心你。

品牌代表者：舒肤佳、宝洁。它们时时刻刻关心你的健康，你有时候尽管也会烦，但是遇到困难时，总会先想到它们。

人格11：创造者——创造新事物，敢想敢干是我的天性。

品牌代表者：SpaceX（美国太空探索技术公司）、华为。它们是行业的开拓者，不断挑战各自领域内的最高峰，让你对它们的未来充满无尽的想象。

人格12：统治者——在这里，我就是老大。

品牌代表者：中国石化、中国工商银行。多见于垄断性行业。统治者并不意味着负面，它们要输出的更多的是乐于承担责任、维护行业格局和稳定的正面形象。

另一个比较典型的品牌个性研究成果是美国著名学者珍妮弗·阿克尔根据人格特质论中的"大五"模型，于1997年提出的一套品牌个性量表。研究发现美国文化背景下的品牌个性体系包括五大维度、15 个次级维度和 42 个品牌个性特征（见表 6-1）。五大维度分别为：真诚（sincerity）、刺激（excitement）、称职（competence）、教养（sophistication）和强壮（ruggedness）。

表 6-1 阿克尔品牌个性量表

五大维度	15 个次级维度	42 个品牌个性特征
真诚	淳朴（down-to-earth） 诚实（honest） 健康（wholesome） 愉悦（cheerful）	淳朴的 / 以家庭为重的 / 小镇的 诚实的 / 真诚的 / 真实的 有益的 / 新颖的 愉悦的 / 感情的 / 友善的
刺激	大胆（daring） 有朝气（spirited） 富于想象力（imaginative） 新颖（up to date）	勇敢的 / 时髦的 / 刺激的 朝气蓬勃的 / 酷酷的 / 年轻的 富于想象力的 / 独特的 最新的 / 独立的 / 当代的
称职	可信赖（reliable） 聪明（intelligent） 成功（successful）	可信赖的 / 勤奋的 / 安全的 聪明的 / 技术的 / 团队合作的 成功的 / 领导者的 / 自信的
教养	高贵（upper class） 迷人（charming）	上层的 / 有魅力的 / 好看的 迷人的 / 女性的 / 柔顺的
强壮	户外（outdoorsy） 坚韧（tough）	户外的 / 男子气概的 / 西部的 强硬的 / 粗犷的

研究还发现，不同的国家由于有不同的文化背景，在品牌的个性特征上也会有所不同。中国的品牌个性也会有自己的特点。

中国"千家品牌实验室"在对 20 个行业的 1 000 多个品牌进行持续监测与品牌个性分析后，提取了一些中国本土化的品牌个性词，并提炼出了 18 个次级维度下的 51 个中国化品牌人格特征，见表 6-2。

表 6-2 中国化品牌人格特征

五大维度	18 个次级维度	51 个中国化品牌人格特征
真诚	务实（down-to-earth）	务实、顾家、传统
	诚实（honest）	诚实、直率、真实
	健康（wholesome）	健康、原生态
	快乐（cheerful）	快乐、感性、友好
刺激	大胆（daring）	大胆、时尚、兴奋
	活泼（spirited）	活力、酷、年轻
	想象（imaginative）	富有想象力、独特
	现代（up to date）	追求最新、独立、当代
称职	可靠（reliable）	可靠、勤奋、安全
	智能（intelligent）	智能、富有技术、团队协作
	成功（successful）	成功、领导、自信
	责任（responsible）	责任、绿色、充满爱心
教养	高贵（upper class）	高贵、魅力、漂亮
	迷人（charming）	迷人、女性、柔滑
	精致（delicate）	精致、含蓄、南方化
	平和（peacefulness）	平和、有礼貌的、天真
强壮	户外（outdoorsy）	户外、男性、北方化
	强壮（tough）	强壮、粗犷

企业要选择适合的品牌人格，赋予品牌人的个性，并将其与以下三个要素相匹配。

第一，产品本身的品类特点。

首先要看产品自身的品类特点。如果你的品牌是一个奶茶品牌，就不宜选择"统治者"的人格特征，从而使你的用户产生疏离感。相反，如果你的品牌是一个金融品牌，则不宜选择"娱乐者"的人格特征。

第二，目标受众对产品属性的期待。

根据产品的属性特点，我们可以进一步对产品进行细分。比如，基于不同的目标人群和价格带，我们可以选择不同的品牌人格特征。比如同样是奶茶行业，"蜜雪冰城"的价格比较低，主要针对下层市场，它更多地体现出"纯真者"的人格特征，而"奈雪的茶"定位于高端市场和高端人群，它更多体现了"情人"的人格特征。

第三，企业创始人的个性特征。

企业创始人的个性特征往往会对品牌的人格特征产生决定性影响。创始人的个性特征也会成为品牌的人格特征。例如，乔布斯创造的苹果品牌代表了一种"颠覆者"的人格特征。创立小米品牌的雷军常被称为"中关村劳模"，因此小米品牌被打上了"平常人"的标签：产品设计更朴素，价格更亲民。在新消费时代，我们提倡公司创始人最好能成为自己品牌的代言人，同时公司可以围绕创始人的个性特征打造品牌的人格特征。这是一种对品牌的人格特征进行赋能的方式，且成本最低。

6.3 给自己的品牌画像

我们在之前的章节中讲述了给用户画像的原理。在本章，我们要给自己的品牌画像。如果把品牌看作一个人,你应该赋予它什么样的年龄、性别、个性、教育和文化背景、举止言谈以及价值观呢?把这些问题想明白了,你就可以对自己的品牌画像了。

我们试举两个咖啡品牌的人设画像的例子,它们表明即使是同样的速溶咖啡品牌,也有不同的品牌画像。

第一个品牌"雀巢咖啡"是这样被描述的:

雀巢咖啡先生被想象成一位中上层的年轻人。他受过良好的教育,有很好的职业。他胸怀雄心壮志,希望出人头地。他的雄心来自他的能力。他充满自信,性格外向,生活方式紧跟时代潮流,经常购买时装等。他更喜欢阅读罗伯特·陆德伦(美国著名间谍小说家)和阿瑟·黑利(英国著名惊悚小说家)的作品,对艺术没有明显的倾向。作为一位充满活力的年轻人,他关注健康,喜欢网球等运动。总而言之,他是一位追求乐趣、西方化、积极向上、紧跟时尚的年轻人。

第二个品牌"金牌咖啡"是这样被描述的:

金牌咖啡先生被看成一位绅士而不是一位青年,他令人心生敬畏,人们好像很容易被他征服。他是一位年长的人,也许有灰白的鬓角,眉宇间透着一种老练和世故。在职业方面,他享有很高的声望,经济收入可观。他坚持培养自己更大的雄心。他很能控制自己的情感。他的老练和世故表现在他优雅的爱好上,他欣赏古典音乐和其他艺术。作为一名中年人,他并不投身于高强度的体育锻炼，而是通过打高尔夫这样的运动来保持体型。总而言之，他是一位世故的、富有的、有着高雅品位及完美社交风度的中年男子。

这是两个很有意思的品牌人设描述，尽管它们的产品几乎都差不多，但我们仍能看到它们之间巨大的差异点，以及因为这种差异点而吸引到的不同消费人群。品牌人设就是品牌通过设计一个有趣的灵魂，深入到品牌人物的内心深处，并使之一以贯之地发展下去，最终建立起与目标人群牢不可破并有足够壁垒的"认同感"。

6.4 挖掘品牌人设故事

品牌的故事化是品牌个性和品牌价值观的外延和深化，是建立品牌人设的最强利器。品牌的故事化可以从很多方面来设计。比如，创始人的故事、产品的故事、服务的故事、营销的故事等。

历史上，很多品牌在成名时都是通过故事化来打造品牌人设和实现品牌价值传递的。我们试举几例。

比如，茅台酒的知名度和美誉度源自 1915 年的万国博览会。它的品牌故事是这样的：

1915 年，万国博览会在巴拿马举行。当时的民国政府曾以茅台公司的名义将一些茅台酒送到博览会参展。由于当时仅仅是用黄色土瓷瓶盛装茅台酒，且放在比较偏僻的角落，茅台酒毫不起眼，许多外国人对此酒不屑一顾。幸好前去参会的一名中国官员急中生智，将一瓶茅台酒摔在地上。一时间，酒香四溢，震惊众人，之后茅台酒一举夺冠，获得金质奖章，并成为世界三大名酒之一。中国顶级白酒的高品质品牌人设就此设立。

再比如海尔冰箱，它的品牌故事是这样的：

1985年，青岛电冰箱总厂厂长张瑞敏收到一封用户的来信，信里说厂里生产的冰箱有质量问题。张瑞敏立刻带人检查仓库，发现仓库里400多台冰箱竟然有76台不合格。他当时跟厂里干部商量如何处置。有人说，冰箱只是外部划伤，便宜点儿卖给工人。那时候，一元钱能买十斤白菜、一斤多花生油、六两猪肉。一台冰箱两千多元，是一个工人三年多的工资。就算这样，冰箱依然供不应求，抢都抢不上，"纸糊的冰箱都有人买"。张瑞敏却在全体员工大会上宣布，要把这76台不合格的冰箱全部砸掉，而且要生产冰箱的人亲自砸。张瑞敏说："过去大家没有质量意识，所以出了这起质量事故，这是我的责任。这次把我的工资全部扣掉，我一分不拿。今后再出现质量问题就是你们的责任，谁出了质量问题就扣谁的工资。"张瑞敏清楚，把冰箱砸掉产品质量并不能马上就好了，但这件事增强了员工的质量意识，传递了一种理念，那就是所有缺陷产品都不能出厂。通过砸冰箱的故事，海尔对产品高质量追求的品牌人设就打造成功了。

云南白药是中华瑰宝,它的品牌故事是这样的:云南白药最初是民间医生曲焕章于1902年创制出的百宝丹。曲焕章的百宝丹在治疗刀枪伤及跌打损伤方面疗效突出,在抗日战争时期尤为突出,这也让曲焕章的百宝丹声名远扬。曲焕章曾因拒绝交出秘方被软禁,之后忧愤成疾,于1938年8月去世。1955年曲焕章妻子缪兰瑛将配方献给了云南省政府,次年国务院保密委员会将该处方列为国家保密范围,并将百宝丹改名为"云南白药",批量生产。云南白药代表民族品质精神的品牌人设就此设立了。

德芙巧克力的品牌故事与一个十分凄美的爱情故事有关。这个故事起源于1919年,讲述的是卢森堡王室后厨的帮厨莱昂与王室的芭莎公主相爱却不能在一起的爱情故事。芭莎公主联姻离去后,莱昂就在做好的巧克力上刻下了"Do you love me"的缩写"DOVE"来表达爱意。这也是德芙品牌名称的来源。通过这段有传奇色彩的爱情故事,德芙树立了高品质和有传奇体验的品牌人设。

中国也有一些会讲品牌故事的新消费品牌,但是总体上来看,在中国能把故事讲好的新消费品牌还不够多。

李子柒是讲故事讲得比较好的一个。李子柒是凭借拍摄一系列中国田园风格的美食视频而爆火的网红大V,后来推出了自有品牌食品,瞬间大卖。

"认养一头牛"的品牌故事是这样的:2012年,徐晓波到香港买奶粉，因不了解限购令被海关问询了整整4个小时，之后还不得不写下长长的保证书。这次经历让徐晓波开始琢磨跨界，他提出"买牛奶，不如认养一头牛"，养牛的故事就此开始。

有很多品牌大量展示它们关于原料、生产、工艺、产品等细节方面的说明，但这还不能算作好的品牌故事。好的品牌故事应满足以下三点：

（1）好故事要能调动起听众的情绪。

"如果你想造船，先不要雇人收集木头，也不要给他们分配任何任务，而是去激发人们对海洋的渴望。"心理学研究表明，生动的、能激发情感的刺激更容易被人的大脑接收到，在编码时能被大脑加工得更充分。好故事拥有调动人们强烈情绪的能力，无论这种情绪是感动、悲伤、狂喜、愤怒或是恐惧。情绪足够强烈，就意味着更容易形成记忆。每个人都有关注内心世界、渴望自我成长、想要愉悦的期待，好故事像一张网一样能捕获众多消费者的心。

（2）好故事要能传递品牌的价值观。

树立与消费者相似或相同的价值观是品牌与消费者建立起长久联系的核心策略。价值观是人基于一定的思维感官而做出的认知、理解、判断或抉择，也就是人认定事物、辨别是非的一种思维或取向。在价值观上拥有认同感是品牌建立用户好感度的最强利器，它能让你的品牌与用户更亲近，更可信赖。

另外，传播价值观最好的方式是"润物细无声"式的"渗透式"传播,而非"灌输式"传播,是从细节着眼,用一个个细小的想法、行为、理念去表现,从而打动消费者并让其主动进行传播。

(3) 好故事要有代入感。

好故事是具有启发性的,而不是直接下结论的。要让用户有参与感,要让用户发现并探索。用户的参与感越强、代入感越强,品牌就越成功。

6.5 品牌人设的一致性传播

品牌人设一旦确立起来,是不能随意改变的。这就像是一个人,个人的人设是不会随意变化的,否则别人对他的认知就会混乱。品牌人设具有纲领性的指导作用,作为品牌的主线条,品牌所有的对内和对外传播都应与品牌人设保持一致,见表6-3。

品牌对内传播是品牌对内部员工、供应链等合作伙伴发出的统一性的认知体系。因为我是这样的"人",我是这样做"事"的,你们要理解并配合我。比如,我们的品牌是一个高品质、高价值感的现制奶茶连锁品牌,我们必须要求供应链上的合作伙伴的产品保持高标准,我们的内部员工也要有更高的服务标准。

品牌对外传播是品牌一整套与外部世界沟通的元素体系,它们统一整合在品牌人设之下。其实,当你确定了品牌的人设后,你就会发现你的很多创意组合就有了中心点,你可以更好地组织各种元素。比如,当你想搞一个促销活动时,根据你的品牌的既有品牌人设，你该设计什么样的活动主题、广告语、短视频、长视频、直播场景等，从而比较容易抓住一条清晰的主线，尤其不会在广告传播的风格和不同调性间跳来跳去，让目标受众觉得你的品牌有人格分裂倾向。要做到这一点非常不容易，绝大部分品牌其实都有这些问题。但如果观察那些世界知名品牌，你就会发现它们在这一点上做得都很好。

表 6-3 品牌人设的一致性传播原理

分类		品牌人设目标
产品与质量		你该有什么样的产品设计和质量标准
包装/色彩		包装设计和色彩应用怎样体现品牌人设
价格体系		价格构成是否能反映你的品牌人设
服务水平		我是谁？我该提供什么样的服务标准
推广体系	品牌定位用语	能否反映你的品牌人设
	广告沟通用语	与价值观和个性是否一致
	视频风格和调性	风格和调性与品牌人设是否一致
	直播风格和调性	风格和调性与品牌人设是否一致
	促销风格和调性	风格和调性与品牌人设是否一致

价值观的传播是品牌打造人设的一大核心。但新消费品牌的广告传播中常常出现由于传递了错误的价值观而引起消费者集体愤怒和声讨的案例。比如某知名脱口秀演员在为 Ubras 品牌女性内衣代言时，其微博文案中就有"让女性轻松躺赢职场"的推荐语，这就引发了大量用户的投诉，用户认为该文案侮辱了职场女性。这样的广告就是品牌传递了错误价值观的典型案例。另

外，李宁在2022年发布的秋冬季新品中，有一组深绿色的帽子被网友吐槽——一眼看上去近乎侵华日军的军服，身穿这套新品的T台模特简直就是如假包换的"日本大佐"。该消息经过网络传播，引发了外界对李宁挑衅民族感情的质疑。受此事件影响，李宁的股价一度暴跌逾13%，所受损失不可谓不惨重。对于一个标榜国货之光的民族品牌来讲，这就出现了重大的价值观错误。

聪明的价值观传播应该怎样做？我们来看早期的可口可乐是怎样巧妙传递它的价值观的。

1910年，可口可乐发布了一则平面广告，内容是一个穿戴漂亮的女性在一家咖啡店里享用可口可乐，她独自一人，只带了一条小狗。广告的标题是"家庭主妇"。乍看这则广告平淡之极，毫无新意。但是需要说明的是，在当时，家庭主妇是不会独自去咖啡店的，她们甚至还没有投票的权利。可口可乐的这则广告其实是在提倡一种全新的女性形象，是在表明它的一种支持女性解放的态度。

20世纪30年代，美国遭遇了经济大萧条，时局艰难，可口可乐的广告风格也变得严肃。但是在一则创意广告中，人们却看到两位电影明星身着泳装、面带微笑地看着彼此，整个画面充满了温情。可口可乐是在向全世界宣告，快乐并不完全依赖于物质财富，而是与简单的价值观和真爱同行。

第二次世界大战期间，可口可乐做出了一个承诺：身处世界任何一个地方的美国士兵都能以 5 美分的价格买到一瓶可口可乐。无论这些士兵身处何地，他们都会因为有可乐的陪伴而感觉离家更近一些。在这一时期，我们可以看到可口可乐的广告中一群美国士兵在残酷的战场上开怀畅饮可口可乐的感人画面。

1969 年，可口可乐制作了一块简单的广告牌，上面是一张五位青少年的合照，他们的肤色或黑或白，一起坐在一条长椅上享用可口可乐。彼时，民族斗士马丁·路德·金刚于前一年遭到暗杀。这块广告牌无异于向前迈进了勇敢的一大步，它在向世人宣告，黑人和白人能够和谐共处。几年以后，可口可乐制作了一则名为《山顶》的标志性商业广告，该广告至今仍是人们记忆中歌颂包容和世界和平的有力赞歌。

第三部分

制定营销组合策略

营销组合策略是科学性和艺术性的结合。
制定营销组合策略是企业围绕营销战略层层分解并
分化执行的过程。

| 第七章 |

产品策略

产品策略是所有营销策略的核心,产品是1,其他的营销手段都是0。我们有必要重新认识产品的本质特征,了解成功产品的形成机制,以及如何建立起稳固的抗竞争的产品组合体系。

品牌故事

苹果——乔布斯与伊夫的设计二重奏

苹果公司的产品无疑是全球最成功的产品之一，苹果公司也是全球市值最高的公司（截至2022年）。我们该如何解析苹果公司在产品策划中隐藏着的超级奥秘呢？我节选了《史蒂夫·乔布斯传》中一段有关乔布斯与他的设计总监乔尼·伊夫的描述，也许我们从中能窥得一点玄机。

书中是这样描述的：

1997年9月，乔布斯重返苹果公司并出任CEO，他将高管层召集在一起进行动员讲话。听众席中有一位细腻又充满热情的英国人——乔纳森·伊夫（Jonathan Ive），30岁，是苹果公司设计团队的主管，大家都叫他乔尼。他当时正计划辞职。他受够了公司一心想要把利润最大化而疏于产品设计的做法，而乔布斯的讲话动摇了他辞职的念头。"我记得非常清楚，史蒂夫宣布我们的目标不仅仅是赚钱，而是制造出伟大的产品，"伊夫回忆道，"这一决定背后的思想和之前的苹果有本质上的区别。"伊夫和乔布斯很快就一拍即合，之后他们成了他们那个时代最伟大的工业设计搭档。

起初，乔布斯打算从外面招聘一个世界级设计师。他找过IBM ThinkPad笔记本电脑的设计师理查德·萨珀（Richard

Sapper），还有设计过法拉利 250 和玛莎拉蒂 Ghibli 跑车的乔盖托·乔治亚罗（Giorgetto Giugiaro）。后来他去苹果的设计工作室走了一圈，决定跟这位和蔼热情、为人诚实的伊夫成为搭档。乔布斯表达了他对乔尼的尊敬：乔尼给苹果公司乃至全世界带来的改变是巨大的。在各方面他都是一个极聪明的人。他懂得商业概念和营销概念，接受新事物的速度也很快。他比其他任何人都更为理解苹果公司的核心理念。乔尼是我在公司里的精神伴侣。大多数产品都是我们一起构想出来的，然后我们会再把其他人拉进来，问他们："嘿，你们觉得怎么样？"对于每一款产品，他既有宏观的见解，又能考虑到细枝末节。他明白，苹果公司是一家注重产品的公司。他不仅仅是一名设计师，这也就是为什么他向我直接汇报工作。他是整个公司里除我之外最有运营能力的人。任何人都无权干涉他做什么或不做什么。这也是我的意图。

和大多数设计师一样，伊夫喜欢分析设计理念和具体的实施构想。对乔布斯来说，他的判断更注重直觉。他会明确指出自己喜欢的模型和草图，放弃那些不喜欢的。而伊夫接下来就会按照乔布斯的思路和喜好，进一步完善设计理念。

伊夫的偶像是为博朗（Braun）电器公司工作的德国工业设计大师迪特·拉姆斯（Dieter Rams）。拉姆斯崇尚的设计理念是少而优。同样，乔布斯和伊夫也在为如何能让设计变得简洁而绞尽脑汁。自从在第一本苹果手册里宣称大繁至简以来，乔布斯就以追求简洁为目标。追求简洁不是要忽视复杂性，而是要化繁为简。要把一件东西变得简单，还要真正地认识到潜在的挑战，并找出漂亮的解决方案。他说，这需要付出很多努力。

在伊夫这儿，乔布斯终于找到了灵魂伴侣。他要的是真正意义上的简洁，而不是表面功夫。有一次，伊夫在他的设计工作室里表达了他对简洁的看法：为什么我们认为简洁就是好，因为对一个有形的产品来说，我们喜欢那种控制它们的感觉。如果在复杂中依旧有规律可循，你也可以让产品听从于你。简洁并不仅仅是视觉上的，也不仅仅是把杂乱无章的东西变少或抹掉，而是要挖掘复杂性的深度。要想获得简洁，你就必须要挖得足够深。打个比方，如果你为了在产品上不装螺丝钉，那你最后可能会造出一个极其烦琐复杂的东西。更好的方式，是更深刻地理解"简洁"二字，理解它的每一个部分，以及它是如何制造出来的。你必须深刻地把握产品的精髓，从而判断出哪些部件是可以拿掉的。这就是乔布斯和伊夫一致认同的基本原则。

设计不仅涉及产品的外观，而且必须要反映出产品的精髓。在大多数人看来，设计和镶嵌工艺差不多。乔布斯在重新接管苹果公司后对《财富》杂志说，但是对我而言，"设计"二字绝无任何引申含义。设计理念是一个作品的核心灵魂，而外壳只是灵魂的表达。

在乔布斯已经逝世了多年之后，我们再来读这段关于苹果公司两位领导人对产品设计的探讨，还是觉得很有启发。与其说苹果公司的营销做得好，不如说苹果公司对产品本质的深刻理解是超越时代的。关于营销的本质什么,也许这段描述可以告诉我们部分答案。

7.1 产品的本质

产品的本质究竟是什么?为了回答这一问题,我们把产品拆分成三个层级(见图7-1)来看。

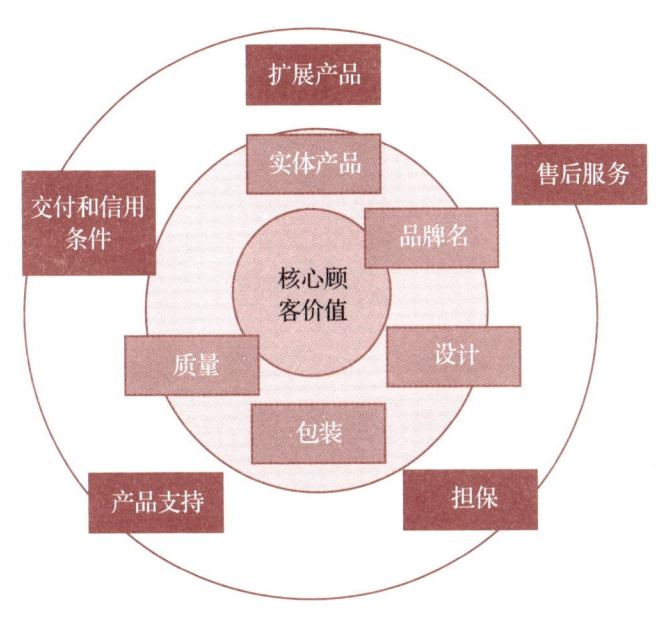

图 7-1 产品的本质

第一个层级是核心产品层,即核心顾客价值。它是指顾客真正想要购买的是什么,即顾客想用你的产品解决的实际问题是什么。比如,顾客买一把电钻,他想买的其实不是电钻本身,而是想在墙上钻个洞。当我们购买 iPad 时，我们不只是购买了一台平板电脑，而是购买了一扇与世界联系的移动窗户，是娱乐、自我表达、效率以及与亲朋好友的关系。星巴克的核心产品是现制咖啡吗？其实如果我们把它放在更广阔的用户需求中看，星巴克卖的是"第三空间"，而咖啡无非是附件产品。

很多时候，当我们重构用户真实的内心想法时，我们就会有很多的新发现。比如，当你与星巴克竞争时，你竞争的重点是咖啡比它的更好喝吗？我们来分析一下"喜茶"和"奈雪的茶"的产品本质究竟是什么？它们有机会超越星巴克吗？我认为，喜茶和奈雪的茶竞争的依然是第三空间，而奶茶的形态则是附属功能。从短期来看，现制奶茶似乎是一个新品类，对用户能产生一些尝新的吸引力，但是当用户约上好友到你的门店坐下来消费时，门店就是一个第三空间。竞争的重点是社交的环境和舒适度，而不是如何把奶茶做得天花乱坠。把奶茶做得更好喝，是瑞幸咖啡和蜜雪冰城的头等大事。从这个意义上看，它们超越星巴克的途径不是没有，但不是用更好的奶茶取代更好的咖啡，而是应该思考如何提升年轻人对第三空间的新感知度。毕竟星巴克的调性有些老了，超越它要靠更时尚、更年轻化的空间感。当办公室年轻的白领都更喜欢到你的门店而不是星巴克的门店聊天时，你就会成为新时代的"星巴克"。

第二个层级是有形产品层，即围绕用户的核心利益或真实需求构建起的实体产品。它可能包含品牌名、设计、质量、包装等。如果是线下的零售连锁品牌，则就是门店装修、产品与服务的综合体。它们综合在一起，整体向用户传递顾客价值，满足顾客一个真实的需求。

第三个层级是附件产品层，是指产品可能附加的服务和利益。比如，你买了一台 iPad，苹果公司还要给你附加上保修单条款、服务电话，提供金融服务以及更多的应用软件和相关配件。这些合在一起才能更好地实现顾客连接世界的本真想法。这些附件的利益和服务越多和越好，产品就会越有竞争力。

7.2 新消费品的成功原理

产品策略的核心是品牌应集中资源先成功打造一款网红产品。在没有一款成功的网红产品之前，不要去多点撒网。

我理解的新消费网红产品是指能在六个月内持续递进销售到 5 万～10 万单，销售额能达到 300 万～500 万元甚至更多的产品，不是那种靠低价倾销或直播大 V 带货走量的产品。我更想用"用户有实际需求并有较好复购率的产品"来描述一款产品的成功与否。

用户实际需求的背后是复购率。一般来讲，新消费品的复购率达到 20% 以上算是合格，达到 40% 以上算是优秀。复购一般是指一年内有两次及以上的购买。我们还可以计算两次复购率、三次复购率，甚至更高的复购率。对新消费品来讲，我们应该把考核的时间标准缩短，应该统计 3～6 个月内的复购率或产品自然消耗完一个周期后的复购率。

成功的产品有什么特点？五年来，我总结了 100 多个新消费品牌后，得到了一些认知，其中每个时代都有每个时代的"产品感"，这一点很重要。

在当今时代的特征下，新消费品要具备三个特点，我称之为"三有"，即有趣、有料和有品。

1."有趣"

在互联网时代，消费者获得的信息量巨大，因而有趣的产品才能获得有效的关注。

什么叫有趣？《现代汉语词典》（第七版）上的解释为"能引起人的好奇心或喜爱"。

2013 年，故宫博物院推出了戏说宫廷类文创产品，开启了中国传统文化传播模式向当代审美情趣文化传播模式的转变。

现如今，故宫文创产品一年的销售额达到十几亿元。故宫文创产品将一种非常严肃的文化产品，通过一种萌宠有趣的新方式，打开了用户传播和用户体验的新世界。

2."有料"

如果单纯靠吸引眼球的方式，品牌是不能获得长久成功的，产品还必须"有料"。产品本身必须要有自己独特的特点，并形成差异化的竞争优势。

这种差异化可以来源于原创设计、创新技术、产品质量、产地的背书、历史文化传承等。如天猫卤制品新锐品牌王小卤主打凤爪产品，已经有超过 4 000 万份的销售量。它的成功跟它独特的工艺流程不无关系。

3."有品"

有品，就是指品牌有品质与品位，并塑造出鲜明的品牌调性。

原创彩妆品牌花西子，通过运用中国传统文化的意境和元素，在一统江湖的洋品牌占领的美妆市场杀出了一条血路，实现了迅速成长。花西子的"品"，就是现代彩妆工艺与中国传统文化相结合下的"新品味"，独树一帜，令人回味。反过来，我们看到一大批曾经的网红产品，用低廉的价格、衰减的品质，通过流量打法，获得快速成长之后又迅速衰落，不能走向长远。

7.3 新产品的市场验证

做出一款成功的产品并不容易。在大部分情况下，网红产品都是在"必然"中寻找"偶然"。这就是说，即使做了大量的行业分析、用户分析、竞品分析，我们也很难确信我们的新产品能够成功。这种结论似乎过于悲观，但大量的新产品（即使是大厂出品的）最终无疾而终，却也道出了这种血淋淋的事实。

今天很多新消费品案例都向我们表明，现在做产品很像做互联网时期的软件产品，需要在大方向判断正确的基础上，去快速试错，分析测试后的数据。只有试错，才能有最后的结论。我称之为"新消费品的软件式验证"。

在过去的营销环境下，一家初创公司想要在短时间内获得大量的用户反馈很难，需要花费大量的资金，而且结论也不一定正确。但在今天的互联网环境下，快速测试新产品倒成为一件花费相对少、效果呈现很快的方式。

新产品的验证有两层含义：一是我们需要验证什么内容；二是具体的验证方法。

（1）需要验证的内容主要包括以下三个方面。

①产品是否有真的需求。对于这一点，重点是看用户的反馈：他们如何使用产品？产品是否可以融入他们的生活？用户群体是否明确？用户标签是否能够创建起来？

②广告创意的内容和概念是否能引起用户的共鸣，使用户产生认同感。采用内容营销方法是新消费品营销的核心策略。我们对用户使用场景的原始洞察以及对用户价值观的原始洞察，可以通过内容的方式，如图文、短视频等进行，观察产品是否能充分吸引潜在的用户，并与用户产生共鸣。我们往往需要反复调整内容的主题、创意与调性、营销的概念等。另外，我们还要考虑在哪个内容平台上传播和沟通的效率最高。

③产品的销售渠道是否高效。无论是线上的几大平台，还是线下的零售店，都需要做人群触达研究：从内容营销到销售转化和购买，要研究这一整套流程如何做才能最高效。

（2）市场验证的常用方法主要有以下三种：

①焦点小组法。焦点小组法是产品与广告调查研究中的常用方法之一，是针对用户的洞察性研究。目的是通过和小组成员的讨论、交谈，得知他们如何看待产品或广告。具体做法为，工作人员事先准备好一份问卷，随后邀请一些自己产品的用户和竞争产品的用户进行小组讨论，并请他们回答问卷上的问题。焦点小组法一般一次邀请8～10名潜在的目标用户或竞品用户。

②现场调研法。该方法一般应用于已经在线下销售的商品的调研。通过该方法，工作人员可以近距离观察顾客选购商品的整个流程，发现他们是如何在竞品和我方产品之间进行比较的，研究顾客在做选择时哪些因素最能影响他们的决策。另外，工作人员还可以扮演厂家的促销员，与顾客亲自沟通，发现顾客的真实需求，发现产品的问题点和机会点。这个过程可以持续三天到一周。

③A/B测试法。该方法最早用于互联网产品测试。对于一个新的迭代版本，企业往往会设计两套或两套以上的功能体系或页面体系，然后同时发布给不同的群体，看哪一个版本的反馈数据最好。将这一方法应用在新消费品上，就可以针对不同的渠道、不同的人群，发布不同的广告组合，最终看看哪一种组合是最佳的。现有的App平台，如抖音、快手、小红书等，能够非常好地帮你同时发起多任务组合，不同的产

品组合与不同的广告概念可相互交叉生成多条不同的产品信息组合，在几小时或几天内能生成不同的数据。这种产品测试方法让以前不能量化验证的实验结果，以非常高效的方式完成量化验证。新产品的验证过程，就是一个反复测验数据的过程。

7.4 产品线延伸策略

当你的产品的市场占有率越来越高，你服务的用户群体也会越来越多。这时单一的产品或许不能满足扩展后的用户群体的需求，你需要扩展你的产品线。产品线就是一组密切相关的产品，以相似的方式发挥效用，通过相同类型的分销渠道或者采用既定的价格，被销售给相同的用户群体。

延伸产品线有三种策略。

第一种，增加产品线的长度。

在同一类别的产品中，可通过增加花色、性能、口味或者采用不同的包装，来延伸产品线的长度。比如，花果茶产品就可以通过增加更多的口味来延长产品线的长度，也可以通过不同的包装形式，将不同特性的产品或者不同体量的产品作为一个新包装，以此来细分产品。比如宝洁公司的洗发水产品就通过海飞丝、潘婷、沙宣、飘柔等具有不同功能的产品来延伸洗发水类目。可口可乐也通过小罐装的 6 瓶组合新包装来延伸产品线的长度。

第二种，增加产品线的宽度。

增加产品线的宽度可以从区分不同的人群和区分不同的价格来入手。比如，宝马早期只有一个 3 系产品，后来向上和向下不断扩展产品线的宽度，如增加了 5 系、7 系、8 系和 1 系等系列产品，分别瞄准了不同价位市场。

第三种，增加产品线的密度。

产品线的密度是指不同的产品型号、不同的产品款式之间的关联性特征。这种关联性包含了产品属性的接近性、使用场景的相近性和顾客人群的相似性等内涵。产品线的密度是企业更好地覆盖市场、拥有更多的服务人群和更好地阻击竞争对手的一种评估方法。比如，若产品线的密度过低，就有可能被竞争对手发现产品线布局中的空白点并导致市场被抢占；若产品线的密度过高，就有可能导致产品线之间差异不足，从而造成自身产品互相蚕食市场的局面。企业在产品线足够丰富时，也要经常检视这一密度特征的合理性和均衡性。

7.5 构筑产品矩阵的稳固度

完美且稳固的产品矩阵可以用"飞机型产品矩阵"来表述，如图 7-2 所示。

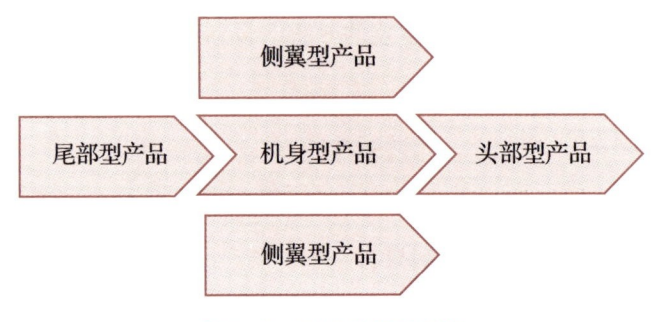

图 7-2　飞机型产品矩阵

头部型产品往往是能代表品牌形象的产品。它们是产品组合中性能最高、价格最高、形象最优的产品。它们一般利润率最高,但销量不一定大。

机身型产品是企业的主力销售型产品,也是品牌最核心的产品。它们一般销量最大,利润率适中,是支撑企业成长的核心产品。

侧翼型产品是企业为应对竞争对手和特殊市场而推出的阻击型或跟进型、补充型产品。比如,竞争对手往往会采用牺牲一些产品特性低价竞争蚕食我方市场的方式,这时候我方不宜采取主力产品全面降价跟进的战术,可以采用推出侧翼型产品迎击竞争对手的方式来处理。另外,企业也可以开发一些针对特定用户、特定市场的细分产品,进一步扩大企业的销售规模,提升企业的整体收益。

尾部型产品是企业的储备型产品,是企业针对下一代产品而做出的新开发。尾部型产品未来将向机身型产品过渡。

这四种类型的产品不是固定的，而是处于一个动态的调整过程。随着市场和竞争的发展，每一类产品都应该实时更新、升级。

7.6 专题：Babycare 如何"死磕"婴儿纸尿裤

Babycare 是一个近几年快速成长起来的母婴类新消费品牌，其首席品牌官（CBO）Iris 曾经在 36 氪举办的"WISE2022 新消费品牌峰会"上分享过一篇演讲，名为《"异类"品牌的长期主义》，讲述了 Babycare 是如何做好产品的。我对这一演讲印象特别深刻，现摘录其中的部分内容（有删改），供大家参考。

她是这样讲的：

大家好，很高兴今天向大家介绍 Babycare。我们的这个品牌已经在天猫的同行业内连续四年稳居第一，在天猫"双 11"的销售额保持年均 150% 以上的增速。值得开心的是，截至 2022 年，我们服务的用户体量在全球超过 4 500 万。这是在数字维度上我对自己品牌的介绍。

说起我们的商业模式，其实有一个特别合适的形容，那就是当下的商业模式已不再是物以类聚，而是人以群分。

Babycare 提供了新的商业模式——围绕用户做好服务。基于用户的诉求，比如一些相对年轻的消费者，他们有比较好的品味跟消费诉求，对品质有一定的追求，愿意付出一些溢价，那我们就围绕这群人，把他们想做的事情做一遍。

做产品的时候，我们创始人是工业设计师，他给我们提出了要求，让我们不停地挑战一切所谓的现状。他觉得既然行业还不算完美，就证明无论是现阶段的行业共识、产品设计，还是行业内的定价、定位、供应链，可能都存在不合理之处。我们要发现并推翻这些不合理，而且要给出不满足于好一点点的解决方案——不做更柔软的纸尿裤，不做稍微吸水的纸尿裤，要做十倍好的产品。这样我们才能在大厂、跨国公司林立的行业里脱颖而出。拿纸尿裤举个例子，在纸尿裤行业，从全渠道来看，除了 Babycare，其他头部品牌几乎都是外国的百年企业，它们发明了很多研发专利和供应材料。而我们进入这个行业才四年，在 2022 年"6·18"期间 Babycare 位居纸尿裤旗舰店榜首，这是有里程碑意义的一件事。四年前，Babycare 杀入这个赛道，不同于以前相对细分的赛道，纸尿裤市场十分成熟，且有完备的行业经验跟共识，所以当时人家觉得我们很傻很天真，甚至有点"太虎"了。但是我们如何在短时间内就冲到了行业第一呢？而且不仅仅在天猫，包括抖音等其他渠道，我们都冲到了第一。

这背后是我们对很多行业共识的首次突破。当时我们做了很多用户调研，包括我买纸尿裤的时候会和其他妈妈交流彼此买的哪个国家的产品。欧美大厂做的纸尿裤很好，很吸水，但是比较糙，婴儿用了容易红屁股。所以那个时候流行日本代购，大家觉得日系纸尿裤很柔软，但是发现它有一个很大的问题：宝宝好动、尿量增加时，日系纸尿裤的吸收能力不太好，宝宝穿起来不舒服，容易起坨。在那个年代，我们讨论的是选择更柔软的还是更省心的？选择日系的还是欧美系的？

所以Babycare在做行业调研时，就发现了行业内虽然大厂林立，但都需要用户去做取舍与选择。但成年人的选择是都要。那如何实现？当时我们选择了美妆领域的做法，就是把纸尿裤的每一层原材料拆开，找到全世界一流材质的优质供应链。我们摆脱了自有工厂的限制，如果能在全球供应商那里找到更优质的材料，就可以让它们更好地帮助我们打造出优质产品；相反，一旦受限于自己的供应链，就没法打破原有的桎梏。

Babycare做纸尿裤的时候，完全放下了思想包袱，就单单想在全球找到最好的材料、最好的面层、最好的技术，找到后都集合起来，然后在中国找最好的生产线实现它。通过这样的连接，我们联合三个国家的六个百年企业，一起做了一款满足中国人品质需求的产品。我们希望通过产品超预期的体验，让用户形成一个"足够好的、独树一帜的"的差异化认知。这就是大家看到的品牌快速成长的背后，我们最核心的竞争力。

说到底，纸尿裤解决的是最基本的生理问题，所以要想在产品上实现突破，我们就要看用户的哪些诉求没有被满足。我们品牌有一个理念：为爱重新设计。我们希望Babycare能够基于对用户的关爱、洞察，挖掘出特别的产品，然后进行重新设计。

第八章

品牌策略

制定品牌策略是一个动态管理的过程。在品牌创建阶段，先要定位品牌价值，创建品牌身份。在品牌发展阶段，就需要持续深化品牌联想，进行品牌延伸和逐步建立起自己的品牌架构。品牌若发生老化，则需要做品牌的活化管理。

品牌故事

茶颜悦色——国风品牌设计的标杆

茶颜悦色是湖南茶悦文化产业发展集团有限公司旗下的品牌，是中国知名的现制奶茶网红品牌。2021年8月，茶颜悦色入选艾媒金榜（iiMedia Ranking）发布的"2021年上半年中国新式茶饮品牌排行Top15"。2022年10月，茶颜悦色荣获"新消费星锐品牌"。

茶颜悦色最让人称道的是它的中国古典风格的设计。

品牌名。茶颜悦色的品牌名套用了中国成语"和颜悦色"和"察言观色"，借用了"察"的谐音，非常贴切地表明了品牌的定位，就是要做中国风格的颜值茶。

Logo。茶颜悦色的Logo（见图8-1）借用了《西厢记》中崔莺莺的纨扇图形象：在八边形窗棂的映衬下，人物看起来温柔娴静，有一种女为悦己者容的感觉。这种古典人物的气质高贵典雅，与众不同，让人印象深刻，并能表达品牌想要表达的个性。

图8-1 茶颜悦色的Logo

广告语：越中国，越时尚。

产品名称。茶颜悦色每一款产品的名字也是精心设计的，极具中国特色，如幽兰拿铁、抹茶菩提、风栖绿桂、声声乌龙、蔓越阑珊、子时雪芒、桂花弄等，这些名字都蕴含了中国古诗词的味道。

包装设计。茶颜悦色的包装也是茶颜悦色品牌的一大亮点，采用的是中国古风插画风格。茶颜悦色还花重金购买了中国名画的元素，如《富春山居图》《千里江山图》《花鸟册》等。这些插画融入了历史典故、古代美女、名胜古迹等，让人浮想联翩。每一款产品的包装都采用了不同的插画艺术，可以当作艺术品来欣赏。

海报设计。海报又叫招贴画，是一种用来传递广告信息的艺术方式。茶颜悦色海报的设计也是独具特色，它将产品信息融入海报故事中，让广告信息显得没那么扎眼。例如《岭南佳荔》《筝筝纸鸢》等海报就体现了古典清新之感，加入传统元素使得整幅画面凸显了国潮气质，消费者在欣赏有趣内容的同时还能感受到浓浓的文化气息。再比如民国招贴画风格的海报，其画面主体是一个"月份牌"女郎，并将许多玫瑰花元素作为点缀，主要色彩是朱红色，使整幅海报流露出浓厚的"国潮风"气息。再比如一组有关节气的《秋分》《寒露》《霜降》主题海报采用了丰子恺漫画风格，从而文案既有节气相关习俗，更营造出对消费者暖暖关爱的氛围。

店铺设计。古风古韵是茶颜悦色店铺的主旨风格，但这种风格也会因店而异。大大的 Logo，瓦当与模板拼合的中式屋檐，浅黄色的木质屏风，竹制窗棂，小推车上挂着的幡旗等，将传统古典之美与现代工艺巧妙结合。同时，茶颜悦色的店铺也在追求新的风格，如在武汉开设的以"破茧"为主题的新门店中，它以中国传统文化中的"纺织文化"为基调，使新门店呈茧的形状，加之木质玻璃门窗与石灰天花板的搭配，营造出破茧而出的感觉。门店内部划分为"麻"、"丝"和"棉"三个独具特色的艺术展示空间。门店内放置了一台老式织布机，墙上安装了成排的木梭，还有棉花开满地，呈现了棉线冲上天的布局。在不大的空间内，还放置了一个镂空的茧房，寓意着破茧而出的新生主题。在丝绸和纺织的文化场景中，品味一杯香香的奶茶该是什么滋味？

周边产品。茶颜悦色不仅卖奶茶，还售卖周边产品，并且做得很精致。茶颜悦色的周边产品有杯子、文具、毛绒公仔、桌游卡牌、雨伞、背包等。这些周边产品也都是中国古典风设计风格。将这些周边产品摆在家里、办公室，能够加深消费者对品牌文化的体验感。

8.1 定位品牌价值

制定品牌策略的第一步是定位品牌价值。品牌价值是品牌带给用户相比于竞争对手的不同之处和明示品牌对用户的最大价值点之所在。

首先，品牌价值要与众不同。科特勒曾说过，没有公司可以在其产品和服务与其他公司相似的情况下胜出，因此品牌价值是竞争导向的。其次，品牌价值要能体现用户价值，满足用户的真实需求，因此品牌价值也是用户导向的。在很多情况下，品牌价值是品牌在实践的过程中，体现出来并被慢慢强化的。比如王老吉的品牌价值是：怕上火喝王老吉。王老吉的品牌价值就与可口可乐或者农夫山泉有所不同，且通过"怕上火"来强调满足用户的真实需求。

品牌价值常常通过品牌价值主张、品牌定位口号和品牌广告语三个组成部分来描述。

品牌价值主张是品牌的品牌定位说明和用户价值说明，通常使用3～5个词可以精准描述出来。比如，耐克的品牌价值主张可以总结为：性能＋运动＋可靠。又比如，迪士尼的品牌价值主张是：娱乐＋家庭＋有趣。品牌的价值主张界定了品牌的功能性利益、修饰性利益和情感性利益。品牌在开发产品和开展市场营销活动时，不宜轻易超越这个界限。如耐克可以推出休闲鞋吗？这与它的可靠的运动性能主张一致吗？迪士尼可以与银行信贷业务联系吗？这与它的有趣性、娱乐性是一致的吗？

品牌定位口号与品牌广告语是两个很容易混淆的概念。品牌定位口号是能体现品牌价值的用语，而品牌广告语是与用户沟通的传播用语。最高明的策略是将品牌广告语与品牌定位口号保持一致，正如"怕上火喝王老吉""经常用脑，多喝六个核桃"。但在现实世界中，能拟出好的品牌定位口号的企业少之又少，绝大部分都言之空洞，比如"世界有你，更加精彩"，或"超越需求，步步为赢"，用户很难知道品牌真正的价值点是什么。自嗨式品牌定位口号在新消费品牌的营销实践中比比皆是，我将在之后的章节中有更详细的论述。品牌广告语也可以与品牌定位口号相区别，主要是指在新产品上市或促销期间，采用更有针对性的广告语来凸显产品或活动特点。在这里，品牌广告语也不能脱离品牌定位口号所涵盖的范围。

那应该如何制定有意义的品牌价值主张呢？科特勒咨询集团中国区总裁曹虎先生介绍了一个"五价值定位法"，我们可以参考使用。

第一步，确定五个对目标顾客最重要的价值。依据在市场细分和目标市场选择环节的研究基础，挑选出对目标顾客最重要的五个价值点。

第二步，对这五个价值点进行分类。可分为最主要的垄断价值点（一个）、差异化价值点（一个）和达标价值点（三个），然后结合企业自身能力和竞争对手的比较优势，进行打分，见表8-1。

企业要确保自己在其中一个价值点上占据垄断优势，在另外一个价值点上实现差异化，在剩下的三个价值点上达到行业平均水平。

表 8-1 五价值定位法评分

目标顾客关注的价值点	行业平均水平	竞争对手水平	我们的水平	目标顾客关注程度
1				
2				
3				
4				
5				

产品在垄断优势上的价值称为"超级价值",它代表了一个产品对客户最杰出、最重要的价值,定义了产品与顾客的关系密度;产品在差异优势上的价值称为"差异价值",它代表了一个产品是如何与竞品差异化的,增加了产品的特异性区分度;产品在行业内的平均水平的价值称为"基准价值",代表了产品的品类标签和信任基础。

以西贝莜面村为例,它的目标市场是中产家庭,这个目标市场关注的五个核心价值是:好吃、健康安全、上菜快、价格合理、服务贴心。西贝莜面村的五价值模型如下:

一个超级价值:正宗西北菜,道道都好吃。

一个差异价值:下单后 25 分钟,保证鲜热的菜品上桌。

三个基准价值:价格适中、服务亲切、卫生健康。

再比如肉食生鲜连锁品牌钱大妈,它的目标市场是一、二线城市中关注鲜肉品牌的妈妈。这个目标市场关注的五个核心价值是:新鲜、定价合理、可靠、便利、货品丰富。钱大妈的五价值模型如下：

一个超级价值：新鲜，不卖隔夜肉。

一个差异价值：分时段按新鲜度定价，采用荷兰式拍卖。

三个基准价值：区域连锁，有规模；社区熟人店，有信任；鲜肉品类丰富。

（1）定位理论九大差异化定位方法。

我们可以从以上的案例中看出，一个超级价值对品牌是最为重要的。那新消费品牌如何最终归纳出自己的超级价值呢？定位理论给了我们最佳的指导方法。

我们在之前的章节中已经讲述过关于定位理论的一些基本知识。定位理论的核心原理是"第一法则"，即要求企业必须在顾客心智中区隔于竞争对手，成为某领域的第一，以此引领企业经营，赢得更好的发展。定位理论同时提出了品牌实战的九大差异化定位方法。

这九大差异化定位方法是指：

①成为第一。"成为第一"就是指企业通过第一个去做某件事来在消费者心智中开创一个新品类或代表一个既有品类。

②占据特性。一个品类里有很多特性，企业在有能力的情况下应该尽量占据靠前（更受潜在消费者青睐）的特性，这样潜在市场更大。企业要抢占哪个特性取决于哪个特性没有被对手占据，以及企业有多少资源。还有一点，特性的排序不是一成不变的，它会因企业的努力和外部认知的变化而变化。

③领导地位。这个是最具号召力的差异化概念，能消除消费

者的不安全感，因为消费者虽然同情弱者但是更相信强者，而领导品牌往往能代表品类。

④经典。悠久的历史能让消费者在做选择时更有安全感。特劳特曾经说：任何能够帮助消费者克服不安全感的战略都是好战略。除了历史，产地也是一种经典定位方法。

⑤市场专长。市场专长是指品牌专注于某种特性或特定产品，并且能消除消费者购买时的不安全感，因为人们认定"市场专家"必定拥有更多的知识和经验。

⑥最受青睐。所谓"最受青睐"本质上是指品牌被高势能人群选择，能让消费者产生安全感和信赖感。这种方法相较于其他方法更容易做到。

⑦制造方法。制造方法就是指品牌希望通过物理上的差异给消费者带来利益。

⑧新一代。这是品牌在用另一种方式说自己"与众不同"，这一方法本质上就是想替换掉竞争对手，所以资源足够时才可以用。

⑨热销。诉诸热销就是品牌想告诉消费者，你看我的产品这么多人在买，那肯定是好产品。

以上九大差异化定位方法可以分为两类。第一类是战略型差异化：占据特性、制造方法、新一代。第二类是战术型差异化：成为第一、领导地位、经典、市场专长、最受青睐、热销。

很显然，作为新消费品牌，尤其是你的产品还没有上市或还没有取得成功之前，这九大差异化定位方法大部分对你的品牌都是不合适的。

著名消费行业投资人冯卫东在其《升级定位》一书中指出，定位的一个基本操作是"三问"：一问你是什么，就是品牌所归属的品类；二问有何不同，就是品牌对消费者有意义的竞争性差异；三问何以见得，就是让品牌差异化可信的证据。这是一个简单可操作的方法。

（2）五大实用新消费品牌定位方法。

根据新消费品牌的实际情况，我总结了五种实用的新消费品牌定位方法。

①消费升级式定位方法。

消费升级是指随着科学技术、原料、工艺等的提升，以及用户消费水平的提升，产品进行了升级换代，将以更高的品质和更高的价格销售。比如三顿半升级了冻干咖啡、钟薛高升级了雪糕品类、喜茶升级了现制奶茶品类、茶里升级了袋泡茶品类等。消费升级是中国消费市场的必然选择，因此大部分的新消费品都可以在消费升级的市场中找到新机会。在这种情况下，你就可以通过瞄准"新一代"和围绕"新功能""新特点"来设计品牌定位。

②大牌平替式定位方法。

大牌平替主要是指针对国外著名品牌的高价产品推出低价格替代方案。比如完美日记通过定位于100元以内的美妆产品替代欧莱雅等国外品牌数百元的产品；拇指白小T用百元T恤去替代国外上千元的高端T恤；再比如徕芬高速吹风机用几百元的价格定位取代戴森几千元的高速吹风机。大牌平替品牌的定位可以围绕"更强性能，更优价格"的方向来设定。

③特性第一式定位方法。

特性第一就是产品只在某类产品特性上有较大的创新。比如王饱饱麦片添加了更大的果干和酸奶块，元气森林采用0糖0脂0卡的产品创新策略，等等。特性第一是新消费品牌常采用的方式。品牌在定位上可以围绕"突出特性"来设计。

④品类创新式定位方法。

品类创新是指原来市场上没有这种类型的产品，为新创造的产品。比如新能源汽车、扫地机器人、自热锅等，这类产品的品牌定位应围绕"解决用户的实际使用场景问题"来进行。

⑤人群聚焦式定位方法。

人群聚焦就是把产品聚焦于某一类人群身上，让品牌成为这一类人群的首选。比如"足力健老人鞋"开创了老年人鞋履市场。

判断品牌定位是否成功最有效的验证方法是品牌替代测试，即：竞争对手如果使用你的品牌定位，是否一样合适？如果答案是肯定的，那你的品牌定位就是错误的，差异化是定位的第一要义。

需要补充的是，定位的差异点必须是确定和有效的，而不是生造出来的。品牌定位以及定位的口号是可以不断完善和丰富的。其实很多成功品牌的定位都是经过反复的市场实践最终磨合后才成型的，比如"怕上火喝王老吉"不是企业在开办之初就明晰的，它是企业智慧和商业实践相结合的产物。

8.2 创建品牌身份识别体系

品牌身份是品牌对品牌核心价值和品牌外在特征的综合表达，是品牌存在的根本理由。根据品牌学专家戴维·阿克和埃里克·乔基姆塞勒的概括，品牌身份主要有三个方面组成，分别是品牌精髓、核心识别和延伸识别，其模型如图8-2所示。

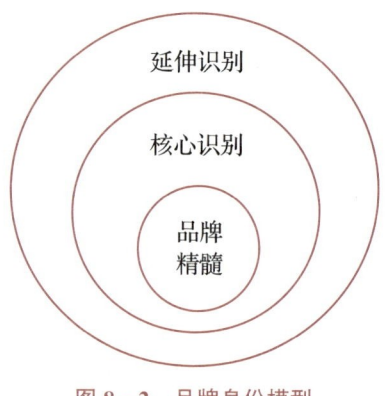

图8-2 品牌身份模型

品牌精髓是指品牌的价值主张，是品牌最核心的部分。品牌精髓一般从3～5个方面精炼概括品牌的本质内涵。它在捕捉品牌内涵的同时，还从某些稍微不同的角度来诠释品牌内涵。它能很好地把各个核心识别要素统合起来，但不是简单地把一堆核心识别词串成一句话。如大众的品牌精髓是德国工艺，宝马的品牌精髓是终极驾驶机器，沃尔沃的品牌精髓是安全。

核心识别是指品牌的核心价值往往要通过5～10个方面的内容才能比较完整地概括品牌的内涵，是品牌内涵价值的最核心支撑点。

延伸识别是核心识别的外围扩展，通常表现在品牌营销执行的诸多细节上。

华东师范大学的何佳讯教授在其《战略品牌管理》一书中以麦当劳为例，比较全面地总结了品牌身份识别系统的构成，见表8-2。

表8-2 麦当劳的品牌身份识别系统

品牌精髓	● 食物、家人和欢乐
核心识别	● 大众价格：麦当劳提供大量平价食品，顾客付钱后不仅能得到一顿饱饭，还能买到一次愉快的用餐体验 ● 食物品质：在世界各地始终保持同样的热度和好味道 ● 快捷、准确、友善、不会有争执 ● 环境：不管是柜台前还是柜台后，都严格执行清洁标准 ● 顾客：针对广泛的顾客群，重点是家庭和儿童
延伸识别	● 方便：麦当劳是最快、最方便的餐厅，因为它总是位于人们居住、工作或聚会场所的附近。而且，麦当劳强调省时和高效率服务，连售卖的食品也都具有"容易吃完"的特色 ● 产品范围：快餐、儿童娱乐场所 ● 副品牌：巨无霸汉堡包、纯正美食风格、真材实料、轻松愉快的用餐气氛 ● 顾客关系：麦当劳是美好时光的一部分，融合了"家庭"和"愉快"的联想 ● 公共关系：麦当劳叔叔之家慈善基金受到顾客的喜爱、尊敬和仰慕 ● 标识：金色M形拱门 ● 象征物：麦当劳叔叔、各种麦当劳玩具
价值诉求	● 功能性利益：美味可口的汉堡包、薯条和饮料，还有游戏、特价食品和儿童娱乐区等附加价值 ● 情感性利益：对儿童——在麦当劳举办的生日会和其他象征物、玩具所带来的快乐，以及家庭聚会的感觉；对成人——和家人聚餐及麦当劳广告所激发的体验从而产生温馨的感觉

需要指出的是，品牌的身份识别系统需要不断累积和发展，没有办法一蹴而就。对一个新消费品牌来讲，优先任务是构筑好"品牌四件套"。

8.3 品牌初创期策略——品牌四件套

1. 给新消费品牌起一个好名字

一个好名字决定了品牌的未来。一个关于品牌名的逻辑是：有了好名字不一定能成功，但是有一个不好的名字一定很难成功。关于好名字的标准，我在下面展开论述。

我挑选了50个在市场上崭露头角的新消费品牌（见表8-3），看一看它们有什么规律。

表8-3 50个新消费品牌

健康食品	小仙炖	王饱饱	简爱酸奶	谷物星球	ffit8
酒	江小白	观云	马力吨吨	三两	小红帽
饮料	元气森林	好望水	汉口二厂	外星人	冲击波
茶饮	喜茶	奈雪的茶	乐乐茶	茶颜悦色	茶小空
咖啡	永璞咖啡	三顿半	隅田川	Manner	瑞幸
方便食品	拉面说	自嗨锅	莫小仙	食族人	黄小猪
彩妆	完美日记	花西子	花知晓	橘朵	牌技
护肤	林清轩	谷雨	PMPM	新奇迹	溪木源
服装	粒子狂热	内外	蕉内	Ubras	素肌良品
小家电	哇力	几光	熊小夕	蜂鸟	火鸡

仔细审视这些新消费品牌的名字，我们对起名字就会产生一些认知。

好名字该怎么起？

（1）人格化起名法。人格化起名法就是把商品的名字起得像人的名字。比如，江小白、莫小仙、食族人、花西子等。人格化起名法非常天然地把品牌锚定为一个人，从而品牌的样貌和个性呼之欲出，在传播时，便于用户形成直观认知。这种起名方法比较适合对新消费人群的传播。

（2）物格化起名法。物格化起名法就是指寻找一个生物和物件，将其当作品牌名，比如黄小猪、火鸡电器、橘朵等。这种起名法用一个可爱的、具象的物体来代表品牌，可以让用户产生更多的亲近感。

（3）产品属性+人格化特征起名法。这种起名法把产品的属性特征带到名字中，让用户直接知道你的产品是做什么的。比如，拉面说、自嗨锅、小仙炖、喜茶等。从字面上，用户大致可以判断出你的产品的属性。但是，我们也注意到品牌不能只简单地表现产品属性，一定要添加一个修饰词，让属性特征更具人性化和趣味化。

（4）产品属性+场观特征起名法。如元气森林、谷物星球等。这是一种结合了产品属性和场观想象力的起名法，能让用户从感性的角度感受品牌的价值。这类品牌起名的难度较大，一不小心就会偏离主旨。

（5）以地名起名法。就是以品牌的诞生地来起名，如汉口二厂等。起这类名字时，一定要选择具有传统象征意义的地名。

（6）以英文转中文起名法。就是最早先起一个英文名字，后来根据音译将英文名字转换成中文名。比如，哇力。我是不建议直接用音译名来做中文名字的。除非你的品牌是麦当劳那样的历史品牌，否则传播一个没有中文意义的名字是没有意义的，会很浪费广告费。

综上所述，面向新生代人群的好名字有以下三个特点：一是好听好记；二是名字要包含情感，如人格化或物格化元素；三是名字要反映商品品类。另外，有两个起名字的坑，千万不要踩：一个是"山寨"知名品牌的名字，模仿知名品牌，使用谐音字或同音字；另一个是用无意义的网络流行语。网络流行语看似朗朗上口，其实流行意味着很快就会过气。

2. 给新消费品牌设计一个超级符号

我们都知道那个被咬了一口的"苹果"Logo，只要一看到它，你就知道它是苹果；一看到一个大大的黄色"M"符号，你就能判断出它是麦当劳。超级符号是一个品牌的超级标识，也是一个传播利器。很可惜在中国应用这种超级传播利器的新消费品牌还很少。

什么是超级符号？

超级符号是一个或一套有差异化特点的视觉符号或听觉符号。消费者可以很简单、很直接地识别出来，并且能感知出它所代表的品牌个性。

超级符号包含三个核心要素。

第一，超级符号是一个或一组视觉符号或听觉符号。

视觉符号大家都比较清楚，但听觉符号是什么呢？比如某网红达人的"oh my god！买它，买它！"。你不用看，只听声音就知道这是该网红。超级符号可能是品牌的 Logo，也可能是包装，还可能是企业创始人等。

第二，消费者可以很简单地识别出来，不用去仔细观察和思考。

符号一定要足够简单和清晰，消费者一看便知。比如奥迪的"四个圈"、麦当劳的"金拱门"。

第三，超级符号能清晰地传达出品牌的个性。

一个符号如果没有足够的差异性和记忆点，泯然于众，不能算是超级符号；如果不能有效传达品牌的个性，也不能算作超级符号。

下面举一些典型的超级符号案例。

奔驰的超级符号是一个精致的汽车轮子。国际红十字会的超级符号是一个十字形的支撑体，表明它是一个可信赖的、有支撑的、为健康服务的稳固的组织。可口可乐瓶子的造型也是它的超级符号。这一流线型的造型在当年可谓风靡一时。在今天，它代表着经典和永恒。乔布斯是苹果品牌的超级符号。乔布斯的与众不同，造就了苹果品牌的与众不同。

超级符号的表现形式主要有哪些呢？常见的超级符号主要有六种表现形式。一个超级品牌的超级符号可能会用到其中的两到三种。

（1）品牌 Logo 是最常见的超级符号表达形式。

（2）品牌的辅助图形也可以成为它的超级符号。如肯德基的老爷爷头像，LV 的品牌花纹等。

（3）颜色也可以成为一种超级符号。

比如蒂芙尼的品牌专属蓝色，被称为蒂芙尼蓝，它是蒂芙尼公司与色彩标准制定公司潘通特别定制的一种专属颜色。另外爱马仕的橘红色也是一个代表性案例。

（4）包装也可以成为一个超级符号。

（5）品牌创始人也可以成为一个超级符号。

如美国的乔布斯、扎克伯格、马斯克都为其背后的品牌增添了很多传奇色彩，他们也成为超级品牌的一部分。创始人成为品牌的超级符号后，可以更好地传递品牌形象和品牌价值。

（6）声音也可以成为一个超级符号。

比如，上面提到的某网红达人，还有在抖音上爆火的"张同学"使用的背景音乐"Aloha Heja He"。一听声音你就会"上头"。

中国新消费品牌的超级符号有哪些呢？

如果对照我上面讲过的超级品牌的三个核心要素，你就会发现中国新消费品牌还集体处于小学阶段，做得比较好的很少。下面试举几例还说得过去的，供大家参考。

茶颜悦色的 Logo，以中国古代美女的头像做标识，具有较强的品牌识别度。喜茶的 Logo 也值得肯定，是一个喝茶享乐的人，简单明了。莆田餐厅的水波纹图形，离很远你都能一眼认出来。尽管蜜雪冰城的雪人造型以及"你爱我我爱你，蜜雪冰城甜蜜蜜"的背景音乐有点俗，但是其品牌特征还算比较明显。请闭上眼睛，想一下你能立刻想到的中国新消费品牌的超级符号还有哪些？

高明的超级符号会营造出一种淡淡的孤独感和神秘感。想象着把它挂在博物馆的一面墙上，仔细去揣摩它，你能否一眼看穿它？还是虽能感受到它的心跳，但总也想不明白它的心思？在设计超级符号时，不要太复杂；也不要太简单，像个孩子似的一眼就能看穿，那就没有味道了。就像现在很多食品饮料类品牌，设计个卡通形象，好像很欢乐，但其实缺少长久的记忆点。

3. 给新消费品牌起一个超级口号

品牌的超级口号就是我们在上文中提到的关于品牌价值主张的语言化描述，具有十分重要的作用。

当我考察了 30 个新消费品牌的口号（见表 8-4）时，我有些崩溃了。我终于明白为什么很多快速崛起的新消费品牌又会很快衰败下去。

我崩溃的原因主要有两个。其一，我在检索品牌的官网时，发现大部分要么没有官网，要么搜索排序很靠后，只有极个别的官网能排到百度搜索的首位。其二，大部分的品牌口号都语焉不详，要么就只有产品单品的卖点广告语，要么就是口号起得云山雾罩，让人不知所云，还有一些根本没有品牌口号。当流量红利转向人心红利时，它们自然就掉队了。

表8-4 30个新消费品牌的口号

序号	类别	品牌名	品牌广告语或品牌理念
1	咖啡	瑞幸咖啡	小蓝杯，谁不爱
2	茶饮	喜茶	灵感之茶
3	茶饮	奈雪的茶	一杯好茶一口软欧包，在奈雪遇见两种美好
4	茶饮	沪上阿姨	爱鲜果茶，喝沪上阿姨
5	咖啡	Manner	让咖啡成为生活的一部分
6	咖啡	三顿半	让咖啡触手可及/探索星球风味
7	餐饮	锅圈食汇	火锅烧烤，食材超市
8	餐饮	自嗨锅	打造一人食餐饮标准
9	酒类	海伦司	打造年轻人的线下社交平台
10	餐饮	和府捞面	书房里的养生面
11	个护	林清轩	山茶花修护专家
12	餐饮	巴奴	毛肚火锅/能冷鲜不冷冻，能天然不添加，能当天不隔夜
13	餐饮	五爷拌面	中国拌面领导品牌
14	烘焙	墨茉点心局	吃现烤点心，喝国风茶饮
15	烘焙	虎头局	渣打饼行/新鲜糕点，当日现烤
16	咖啡	M Stand	stop wishing start doing
17	酒类	观云	历经丰饶，归于纯粹
18	烘焙	爸爸糖	现烤吐司，就吃爸爸糖

续表

序号	类别	品牌名	品牌广告语或品牌理念
19	美妆	MOODY	让世界从你眼中看到不一样的颜色
20	餐饮	遇见小面	重庆小面、现炒浇头面、酸辣粉、烤猪蹄
21	乳类	简爱酸奶	其他没了，才是简爱
22	乳类	认养一头牛	奶牛养得好，牛奶才会好
23	零食	每日黑巧	不破不立
24	个护	参半	口腔护理专研品牌
25	饮料	元气森林	0糖0脂0卡
26	餐饮	王饱饱	早餐记得吃饱饱，生活轻松变更好
27	彩妆	完美日记	美不设限
28	彩妆	花西子	东方彩妆，以花养妆
29	餐饮	ffit8	让中国人吃得健康
30	茶饮	茶里	茶里公司，优质茶品

上表中涉及的品牌口号不一定很准确，因为在相关平台上寻找，一多半都有点儿难度，有的还要靠猜。

那什么是好的品牌口号呢？这里所讲的品牌口号是品牌战略层面的，不是产品层面的。品牌口号是描述你的品类定位、品牌差异点以及用户价值的一句话。

比如，钱大妈的品牌口号是"不卖隔夜肉"。钱大妈是卖肉的，与竞品的差异点是只卖当天的肉，用户的价值是买到新鲜的肉。"怕上火喝王老吉"，"上火"和"喝"明确了品类的差异点，"怕上火"是用户价值点。"经常用脑，多喝六个核桃"，"六个核桃"是品牌差异点，经常用脑的人喝则是用户价值点。

好的品牌口号有三个功能。

其一，能明确你的品类或产品与竞品的不同之处。如果你的产品是一个创新品类，你需要明确指出你的产品的品类的不同特征；如果你的产品只是开发了一个新的产品特性，那就指明你的产品与竞品的不同。总之，就是要描述你的产品有何不同之处。如"早餐记得吃饱饱，生活轻松变更好"，如果把"饱饱"换成"美美"也可以，那这里的口号就没有建立起品牌的差异化认知。

其二，能明确产品的用户利益点，并且用户的利益点是用户的真需求点。

其三，品牌口号能直接当作销售或推荐用语。比如，"困了累了，喝红牛"。红牛的销售人员在推荐其产品时，就可以直接用这句话当作推销语。又比如，"专业老人鞋，认准足力健"。销售人员在销售时，就可以直接告诉用户，我们是中国专业做老人鞋的品牌。如果你的品牌口号是"历经丰饶，归于纯粹"，用户是会不知所云的，你可能也还不知道该怎么向你的朋友推荐。

对照上述三个功能，前面展示的30个新消费品牌的口号也许大部分是不合格的。超级品牌口号的背后是品牌对行业和产品的深刻理解。超级品牌口号该怎么起？

新消费品牌一般会从以下七个角度来提炼品牌口号：

①产品属性。如，元气森林，"0糖0脂0卡"；厨邦酱油美味鲜，"晒足180天"；花西子，"东方彩妆，以花养妆"。

②用户利益点。如，高露洁，"没有蛀牙"。

③产品用途。如,"经常用脑,多喝六个核桃"。

④用户专用。如,海澜之家,"男人的衣柜"。

⑤瞄准竞争者。如,百事可乐,"年轻一代的选择";青花郎,"中国两大酱香白酒之一"。

⑥历史地位。历史地位多用于有历史底蕴背书的老品牌,或传统产品采用新工艺时。

⑦生活方式。使用生活方式来定义品牌口号,是一个有争议的方法。大多数情况下,奢侈品或者已经有了很高知名度的品牌,可以使用生活方式来定义品牌口号。但现在很多新消费品牌一上来就使用生活方式来定义口号,这是对这种方式的错误使用。

需要指出的是,品牌的超级口号往往不是一蹴而就的,它可能是经过产品验证和用户反馈后与市场认知相结合的灵感一现。我们也不必特别纠结于在新品牌上市之初就确定一个震撼人心的"超级口号",这需要市场的沉淀。但一旦找到了一个非常有价值的口号,就别轻易改变。如红牛曾经的超级品牌口号"困了累了,喝红牛",就曾被错误地更改为"你的能量超乎你的想象"。

4. 给新消费品牌设计一个超级包装

在新消费品牌的整体概念中,设计一个超级包装是新消费品牌最重要的核心竞争力之一。颜值即正义,脸面不出彩,产品还怎么"出街"?但包装并非仅仅是一个颜值设计,还应该容纳更多的内涵。

什么是超级包装？

超级包装是一套包含外形和内容的综合体，它能让你的产品轻松获得潜在用户的喜爱，并与竞争者形成显著的差异。从用户视角来看，它增强了用户对一种新的品类或新的产品属性的认知。超级包装的核心有两点：好看、差异化，并能反映品牌的定位。

历史上，曾经的新消费品牌也多次通过超级包装"出圈"。如可口可乐的弧形包装瓶，见图 8-3。

1915 年　1916 年　1951 年　1986 年

图 8-3　可口可乐弧形包装瓶

再如瑞典的绝对伏特加的包装瓶（见图 8-4）。该设计概念借鉴了当时的药瓶造型，虽一度被经销商和广告商嫌弃，但最终消费者接受了它，并很快成为畅销品。

还有日本益生菌酸奶品牌养乐多。养乐多的瓶子造型（见图 8-5）已经有数十年没有改变了。一个能经受市场检验的包装不宜轻易改变。

图 8-4 瑞典绝对伏特加的包装瓶

图 8-5 养乐多包装瓶

再来看中国新消费品牌的超级包装。

近几年,中国的新消费品牌已经非常关注包装对品牌的重要价值,涌现出了一大批在包装上出圈的品牌。这里试举两例。

一是三顿半咖啡。它通过对传统速溶咖啡巨头雀巢的超越,获得了巨大的成功。它主要使用塑料小罐装,通过包装拉升了品牌档次,从而树立了跟雀巢不同的品牌定位,见图 8-6。

图 8-6　三顿半咖啡和雀巢咖啡的包装

二是江小白。它通过简约的扁平状瓶子设计，并添加有趣的卡通形象和文案内容，把原来适合年轻人聚会场景下的小瓶装酒类进行了全新升级，让人耳目一新。跟红星二锅头相比，它给自己做了显著的定位区隔，见图 8-7。

图 8-7　江小白和红星二锅头的包装

新消费品牌的超级包装包含两个方面的内容。

其一是包装形式和材料创新。首先要研究现有竞争产品的包装形式和材料，然后再结合自身品牌或产品的差异点，看看能在哪一个方面进行创新。创新的方向是要能够凸显自己的差异化特征，为潜在用户建立新的品牌定位认知。比如，你想推出一个高端产品，那就在包装形式和材料使用上超越市场上的低端产品。如果产品有一个新的产品属性是市场上所没有的，那就看在包装上能否通过造型来塑造这种差异化认知。

其二是包装文字的创新。新消费品牌的包装要重产品卖点描述，轻品牌 Logo 宣传。意思是说，作为一个新品牌，消费者最关注的不是你的品牌叫什么，而是你的产品的卖点是什么，包含独特卖点的文字一定要醒目。

目前，中国的新消费品牌包装呈现以下三大设计趋势。

其一，国风元素设计。随着新生代消费者成为市场主导性消费人群，融合中国元素和中国概念的设计成为新风尚。

其二，融入故事背景。在包装上选取中国消费者能理解的故事元素作为背景设计元素，用家喻户晓的故事图像来激发用户的情感，也可以采用像江小白那样的文字方式讲述故事。

其三，多元的感官体验。日本设计大师黑川雅之先生称 21 世纪是"体现身体感官特点的设计时代"。而 Pro Carton（欧洲纸板和纸盒制造商协会）的数据显示，消费者在销售点的购物行为和采购决定不仅受视觉影响，还受嗅觉（45%）、听觉

（41%）、味觉（31%）、触觉（25%）等多种感官的影响。如新消费品牌在食品包装上展示色香味俱全的食品图片，会让用户欲罢不能。

同时，我们还要避免超级包装的两个设计陷阱。

其一，为了颜值而"颜值"，忽视了包装最重要的功能是要给新品牌定位。颜值也许能吸引"颜值党"中的第一波用户，但如果没有占据用户的心智认知，品牌必然会很快衰落。

其二，包装也是一种成本和时间支出。过于复杂或有创意的包装往往会增加包装的时间成本和物理成本，有时候得不偿失。

关于品牌定位的一些基础性设计，中国的品牌策划公司如"华与华"和"小马宋"做了不少新消费品牌的案例，读者可以参考。

8.4 品牌发展期策略

随着不断发展，企业该考虑如何开展"品牌化"。"品牌化"是指将成功的产品或产品线向构筑品牌转化的过程。

"品牌化"的第一个步骤是深化"品牌联想"。品牌联想是用户对品牌各方面的认知和感知。丰富的品牌联想有助于品牌树立起更为立体的品牌形象，增强品牌与用户的认知联系和感情链接。品牌联想主要是指品牌通过发布有关产品、人物、事件等的信息，不断深化与用户的联系，强化与用户的沟通。图8-8中归纳了有关品牌联想的相关构成要素。

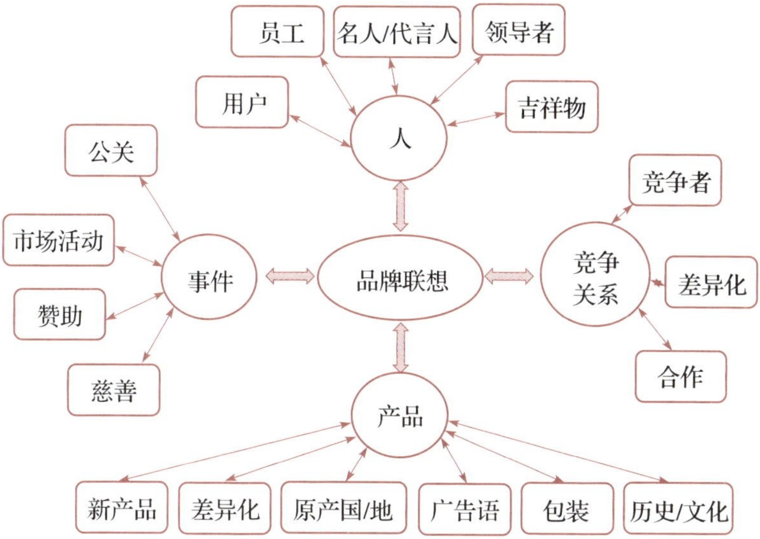

图 8-8　品牌联想的相关构成要素

"品牌化"的第二个步骤是管理品牌延伸和建立品牌架构。

品牌延伸和品牌架构的设计是企业市场营销领域最具挑战性的设计决策之一。很多著名的国际化大企业也经常会在这一决策上翻车。

当产品越来越多，覆盖的人群越来越广泛时，企业就将面临如何建构品牌发展和布局的决策。一般来讲，有五种选择。

（1）产品线延伸策略。

产品线延伸是指用现有的品牌增加新的产品项目，如新口味、新色彩、新配方、新包装等。产品线延伸的目的是扩大企业自身产品所覆盖人群的范围，增加销售收入，并阻击可能的竞争者。

产品线延伸的潜在风险是，新产品项目的推出可能会稀释原有品牌的独特含义；新产品的失败还有可能导致原有品牌的形象受损；又或者是新产品抢占了自己原有产品的份额，公司总体销量并未上升。

尽管有一些不利因素，但产品线延伸策略仍然是企业常用的手段。产品线延伸有助于自我淘汰老产品，形成新的市场竞争力，发展更多的用户群，并有利于阻击竞争对手的进入。

（2）品牌延伸策略。

品牌延伸是指以原有品牌名称推出新的产品类别。比如海尔在冰箱领域取得成功后，又进入了彩电、空调、洗衣机、洗碗机、电脑等诸多领域。

品牌延伸策略适用于已经取得重大成功的品牌。在某一类别的产品中，企业只有取得了市场领导地位，并在消费者心目中建立了强势属性认知，才宜用原有品牌进入新的产品领域。比如，戴森在吹风机类目上获得了全球瞩目的品牌影响力后，开始进入吸尘器、个护领域。戴森的品牌优势建立在吹风机的技术领先优势和质量属性之上，利用消费者的强势属性认知，延展出需要使用相似技术的产品线。

品牌延伸策略的应用场景一般有两类。第一类是企业的品牌形象已经树立，在整体上属于领导型地位，即企业之前的产品都是高品质产品的代表，消费者对此已经形成了普遍认知。企业在推出新的产品品类后，消费者更宜接受新产品。第二类是企业在某项技术上取得了独特的属性地位或专利地位，利用这项独特的属性，可以延展出新的产品线。

（3）多品牌策略。

多品牌策略是指企业可以在同一类产品中采用更多的品牌，如宝洁就经常采用多品牌策略。企业在采用多品牌策略时通常既可以针对不同的独特属性使用不同品牌，还可以根据人群特点或价格带，分别采用不同的品牌。

（4）新品牌策略。

新品牌策略是指企业在开拓不同的产品类别时，采用独立的新品牌策略。如元气森林在开拓奶茶领域时，采用了"元气满满乳茶"新品牌；在功能性饮料市场，采用了"外星人"品牌；在酸奶市场，采用了"北海牧场"新品牌。

（5）联合品牌策略。

联合品牌策略是指在产品名称上使用两个或更多的品牌。

常用的第一种方式是利用其他公司在某一领域中的优势品牌形象定位做背书，如手机影像上与徕卡品牌结合，手机显示屏上与康宁公司大猩猩玻璃屏幕结合，手机音响上与哈曼卡顿结合，即借助知名的专业供应商品牌，来提升自己的品牌形象。

第二种方式是与授权类 IP 合作，比如卡通形象 Hello Kitty、漫威的英雄 IP 形象等。借助知名 IP 形象，提升自己的品牌知名度，并吸收知名 IP 的粉丝为自己所用。

第三种方式是在营销推广上采用联合品牌推广策略，即与另一个目标人群接近的品牌开发双方品牌共同联名的新产品，产品要体现双方的特点，从而可以实现跨界营销，互换流量，进入对方的用户群中做传播。这种方式，已经成为新消费品牌领域的常用手法。

关于品牌联合营销的更多内容，我将在第十一章的推广策略中详细讲解。

8.5 品牌成熟期策略

处于成熟期的企业就需要建立一个完善的品牌架构。

品牌架构就是企业根据市场所处的不同发展阶段，建立起的产品线或者与用户群相对应的品牌群以及针对品牌群的管理体系，即用一个品牌服务全部用户群体或者用多个品牌服务多个用户群体，以及多个品牌之间采用的管理方式。

常见的品牌架构模式有六种。

（1）单个品牌模式。

单个品牌模式就是指每一个产品都拥有一个独立的品牌名。如宝洁的洗发水产品线就有"海飞丝""飘柔""潘婷""沙宣"等品牌，分别对应着"去屑""飘逸柔顺""健康""保湿呵护"的功能定位。手表公司斯沃琪集团旗下就有"欧米茄""雷达""浪琴""斯沃琪""天梭"等拥有不同品牌形象、不同目标人群的独立品牌。

单个品牌模式适用于细分市场中有多个独特属性可供挖掘的行业。企业通过抢占更多的属性热点，可获得更多的市场份额。

（2）类别品牌模式。

类别品牌模式是指不同的品类采用不同的品牌。比如松下公司，其影像制品类采用 Panasonic，家用电器类采用 National，音响类采用 Technics。苹果公司则采用 iPhone、iPad、MacBook、AirPods 等独立品牌，对应不同的产品类别。由于不同的产品品类需要有不同的技能和卖点，因此每一个品类用一个品牌便于企业采取不同的营销策略。

（3）产品线品牌模式。

产品线品牌模式即企业针对相同的目标人群，采用同一品牌、相同的质量和价格水平，通过相似的销售渠道对系列产品进行销售。比如在彩妆领域，企业可以用产品线品牌模式推出不同的产品类别，如眼影、唇彩、眼膏等。产品线品牌模式关注的是产品线和用户群的相关性，强相关性的产品常采用产品线品牌模式。

（4）单一品牌模式。

单一品牌模式即企业在所有的产品上都使用单一的品牌，而不论品类、用户使用特征等。如佳能在相机、复印机、办公设备等不同的产品品类上都使用了相同的品牌；雀巢品牌也应用在公司众多的产品线上。采时单一品牌模式需要企业的品牌拥有一个超级品牌的核心内核，一般的品牌较难做到。

（5）主副品牌模式。

主副品牌模式是指采用主品牌和副品牌同时出现的模式，主品牌做担保背书，副品牌做个性彰显，二者共同发挥协同作用。如海尔小神童、比亚迪宋、别克GL8等。

（6）联合品牌模式。

联合品牌模式是指在一个产品上，使用两个或更多的品牌，以充分发挥各自品牌在原有领域内的优势认知，为产品增加更多的特点与竞争力。如华为、小米联合徕卡，OPPO联合哈苏，vivo联合蔡司，分别推出了联名版的影像手机。联合品牌模式虽在新消费品牌上得到了更多的应用，但是大都停留在浅层次的互换流量的营销推广上，缺少深层次的为本品牌深化定位的策略思考。

8.6　品牌的活化管理

1. 什么是品牌活化

当市场环境发生变化，比如消费潮流发生变化，出现新的竞争对手、新的革命性技术等，且它们对用户的影响过于激烈时，品牌资产所依赖的根基将会动摇，原有的品牌形象将发生老化，品牌定位策略将失去作用，品牌丢失的用户将越来越多。

这时企业往往需要实施品牌活化策略来重构新的品牌认知与品牌联想，赋予老品牌以新的生命力。比如可口可乐的历史已经超过了100多年，但是品牌给人的感觉是长新不旧。再比如李宁，这个诞生于1990年的中国体育品牌，有一段时间差一点就被时代抛弃，但是通过品牌的活化管理后又重新焕发了生机。中国的很多百年老字号品牌，其实就是品牌活化管理的重点对象。当然，对消费品行业来讲，品牌的活化管理也很重要，谁让消费者喜新厌旧呢！

2. 品牌老化的主要原因

我们要想使品牌始终鲜活如一，就必须知道品牌老化的可能原因，才能对症下药。

（1）可能是来自产品或服务的问题：

①过时的消费者满意承诺；

②产品创新缓慢；

③产品或服务丧失竞争力，技术明显落后；

④产品的质量和品质没有达到新的标准；

⑤样式、设计和颜色过时；

⑥品牌分类存在问题。

（2）可能是来自市场的问题：

①目标消费者数量减少；

②消费者的平均年龄逐渐偏高，目标市场没有更新换代；

③新产品因不符合消费者需求而推广失败；

④品牌极少或不为青年消费者所知。

（3）可能是来自品牌传播的问题：

①随着时间的推移，传播预算减少；

②品牌提及率降低；

③包装过时；

④传播创造力减弱；

⑤媒体计划缺乏针对性；

⑥传播内容过时；

⑦频繁更换广告代理，导致核心信息模糊；

⑧代言人形象"老化"或适应性差；

⑨忽略了时尚因素，而被竞争对手巧加利用。

3. 品牌活化管理的策略

（1）通过开发新的产品来活化品牌，即通过开发应对市场的新技术、新产品、新工艺，在产品技术、产品质量和产品形象上，保持与时代一致。

（2）通过品牌延伸来活化品牌，即通过延伸新的品牌来活化品牌，可以从细分人群、细分场景、细分功能上，推出新的细分化品牌。

（3）通过品牌重新定位来活化品牌。品牌重新定位是一个大问题，需要特别慎重。

（4）通过品牌沟通来活化品牌，即通过选择新的形象代言人、新的包装、新的 Logo、新的广告语、新的营销活动、新的沟通媒介等方式，使用户建立起新的品牌联想。

（5）复古怀旧。强化怀旧元素的新应用，也是一种品牌活化管理策略。要把旧的品牌元素与新的时代特征相融合，并找到新的传播价值点。

（6）放弃老产品。放弃老产品也是一条路径。那些已经非常老化的产品，如果继续存在于市场，有可能会影响用户对品牌的认知。

8.7 专题：国风品牌设计的原理、思路和创意方向

未来，以中国文化底蕴为特色的品牌会越来越多，这也是中国新消费品牌发展的必然之路。当前中国经济迅速崛起，我们发现国外品牌的风格和调性对中国消费者的影响力已逐渐减弱，且这种趋势正在加速。下面我们来探讨一下国风品牌设计上的一些议题。

1. 中西方传统审美文化的差异

对于中西方传统审美文化的差异，从不同的视角出发，可以总结出很多差异。其中很重要的一个差异是，中国传统审美文化讲究"天人合一"，而西方传统审美文化则不注重这一点。

比如我们来看西方美术领域的三大名画：《蒙娜丽莎》《宫娥》《夜巡》。西方审美更加关注人物本身，通过线条、明暗和透视化布局，凸显人物的感情与思想。

再看中国名画，我也试举三例，比如《清明上河图》《汉宫春晓图》《洛神赋图》。中国审美更加讲究"天人合一""人与自然的和谐"。描写人，更多的也是把人放到物中，透过物的衬托，体现人的精神。理解这个主要的差异点，就能更好地理解国风品牌设计的精神内核。

2. 国风品牌设计的三大原则

（1）人在景中。

（2）物在景中。

（3）天人合一。

对于这三大原则，我略做说明。商品以物为中心。西方品牌更多"以物为中心"来表现品牌，我们看到大量的精心修饰的产品形象图，跟古希腊、古罗马时期的雕塑艺术一脉相承。而有长久生命力的国风品牌，将人放在景中，将物放在景中，营造天人合一的和谐性，通过"化万物于无形之中"来打造品牌。这个原理有点玄妙，需要仔细把握。

3. 国风产品设计的三种思路

国风产品从设计理念上，有三种切入市场的方法。

（1）A型设计。A型设计是指直接使用中国古典元素，并将之融入产品设计中。比如故宫的文创产品就大量使用故宫藏品中的元素，使得产品拥有厚重的历史感和品质感。

（2）B型设计。B型设计是指将中国古典元素和传统象征物进行"二次元化"改造。二次元来源于日本漫画。百度百科对二次元的解释是：二次元，原指"二维世界"，即包含了长度和宽度的二维空间，后来成为 ACGN 亚文化圈的专门用语。日本早期的动画、漫画、游戏等作品都以二维图像构成，其画面是一个平面，所以通过这些载体创造的虚拟世界被动漫爱好者称为"二次元世界"，简称"二次元"。同时，二次元具有"架空""假想""幻想""虚构"之意。故宫的文创产品也大量使用了二次元的创作元素。云南白药牙膏将京剧"生旦净末丑"五类戏剧角色用在牙膏产品的包装上，从而牙膏产品在网店或货架上显得特别突出和有趣。在食品领域，采用 B 型设计的国风品牌也在大量涌现，这精准迎合了年轻人群对轻食类产品的心理需求。

写到这里，我不由想起，其实二次元的设计理念在中国古代就早已有之。比如，是否也可以把莫高窟的经典飞天图案看作古代的二次元化设计呢？

（3）C 型设计。C 型设计是指将中国传统文化理念与现代审美情趣进行深度融合。这应该是国风品牌建设的终极目标。花西子是中国目前为止整体设计理念结合得最好的品牌之一。

4. 国风元素使用的六个创意方向

既然是中国的国风品牌，就必然要融入中国的文化元素，那中国的文化元素有哪些可以借用呢？

5 000年的中华文明给我们留下了浩如烟海的可参考的设计元素，我将其归纳为六类。

（1）中国图腾与信仰风。比如，龙、凤、麒麟、四神兽（青龙、白虎、朱雀、玄武）、饕餮、白鹤、锦鲤、十二生肖、佛祖、五百罗汉、真武大帝、孔孟等。

（2）皇家贵胄风。比如，皇冠、龙袍、凤袍、宫殿、金鼎、御批、官服、祭祀用品等。

（3）山水田园风。中国大量的山水、花鸟、亭台等都可以作为设计元素来参考。

（4）民族腔调风。中国的56个民族都有各自的传统文化元素。另外，戏剧艺术形象也可以作为参考，如五大剧种（京剧、越剧、黄梅戏、评剧、豫剧），还有昆曲、晋剧、二人转、采茶戏、川剧、皮影戏等数百种剧种。

（5）异域风情融合风。中国文化在几千年的发展中，不断与异域文化相交融。比如，通过将法国的洛可可风格与中国的卷草纹元素结合，创造出了一种全新的审美。比如，通过将日式建筑风格与中国传统建筑纹样相结合，以朱白两色为基调，营造出了新的观感。

（6）古今中外混搭风。元素的混搭，是这个时代年轻人审美文化的主导方向之一。比如，让孙悟空玩滑板，让猪八戒玩攀岩，是否足够搞笑？再比如，让乾隆玩摇滚，让火烈鸟与熊猫交朋友,让神的使者与龙共舞?一系列脑洞大开的创意由此开发出来。但是设计的根本是体现品牌的定位,偏离这个航向的创意是不恰当的。

从新消费品牌使用国风元素的实际案例来看,真正出彩的还不多见,也可以说是刚刚开始。在新消费时代,既有中国传统文化的底蕴,又能反映时代文化特点的创意,是我们必须积极探索的大方向。只有饱含中国文化底蕴的品牌,才能在未来走向世界。

第九章

价格策略

如何给产品定价，不仅决定了企业的收益状况，同时也是品牌定位的核心支撑之一。价格策略往往被企业严重忽视，本章将重点讨论新消费品牌的两种基础定价策略、价格组合策略以及竞争性定价策略。本章最后还摘录了一个很有意思的关于如何理解"价格"和"价值"的品牌案例。从本质上看，如何制定价格是一个非常深刻且富有哲学思辨性的命题。

品牌故事

小米——只赚 5% 硬件利润的定价智慧

小米科技有限责任公司（简称"小米"）成立于 2010 年，是专注于智能硬件和电子产品研发、智能手机、智能电动汽车、互联网电视及智能家居生态链建设的全球化移动互联网企业、创新型科技企业。

2010 年小米成立于北京；2011 年 7 月 12 日，小米创始团队正式亮相，宣布进军手机市场，并揭秘旗下 MIUI、米聊、小米手机三款产品；2018 年 7 月 9 日，小米集团在香港证券交易所正式挂牌上市。

小米在一路高歌猛进的过程中，一直把性价比作为硬件产品的主导性定价思想。2018 年 4 月 25 日，公司创始人雷军公布了一封内部信："小米向用户郑重承诺，小米每年整体硬件业务［包括手机及物联网（IoT）和生活消费产品］的综合税后净利率不超过 5%。如超过，我们将把超过 5% 的部分用合理的方式返还给小米用户。"这种定价策略就是小米产品成功的核心。我把这封内部信的部分原文（有删改）摘抄如下，是希望能原汁原味地反映雷军对小米产品定价策略的一些深度思考。

小米的同学们：

今天，对小米而言，是历史性的一天。刚刚在武汉大学举行的小米 6X 发布会上，我们向所有用户承诺，小米整体硬件业务的综合净利率永远不会超过 5%。

1. 5% 硬件综合净利率红线是我们商业模式的必然选择

小米董事会曾批准一项决议："从 2018 年起，小米正式向用户承诺，每年整体硬件业务（包括手机及 IoT 和生活消费产品）的综合税后净利率不超过 5%。如超过，我们将把超过 5% 的部分用合理的方式返还给小米用户。"

八年前，小米公司成立时，我们就有一个宏大的理想：改变商业世界中普遍低下的运作效率。一件成本 100 元的衬衣在中国的商店要卖到 1 000 元，定倍率有惊人的 10 倍。一双鞋要加 5～10 倍，一条领带加 20 多倍，这样的例子举不胜举。但我始终难以理解，为什么商业运转中间环节的巨大耗损要让用户买单？小米有勇气、有决心、有毅力推动一场深刻的商业效率革命：把每一份精力都专心投入到做好产品中，让用户付出的每一分钱都足有所值。我们所有的雄心都从这里出发，我们所有的成就都来自这里。

2. "感动人心、价格厚道"是密不可分的一体两面，是对用户信任的最好回报

创业八年，在前进的路上，我们一直在思考：从古至今，商业世界变化纷繁，始终不变的是什么？用户对"感动人心、价格厚道"的产品的期待，这就是小米的答案。"感动人心、价格厚道"不是一句空话，也不是一句轻率的自我标榜。要真正做到，

得拿出足够的诚意和克制贪婪的狠劲。5%是我们对用户长久的承诺,也是对自己持续的鞭策。

"感动人心、价格厚道"这八个字密不可分,它们是一枚硬币的两面。产品不行,价格定再低也没有人喜欢。要做到不逾越5%红线的同时保持强大的竞争力,我们就必须坚持创新科技和顶尖设计,拿出远超消费者预期的极致产品,还要做到"价格厚道",这样才能真正"感动人心"。

3. 控制合理利润是商业发展的历史潮流,也是我们践行使命的必由之路

纵观人类商业史,无论是汽车行业,还是个人电脑行业,改变世界的伟大公司都是把好东西越做越便宜,让越来越多的人用到。

过去八年间,我们凭借极致性能、极致性价比的小米手机,推动了智能手机在中国的普及和全行业性能、品质的提升,为中国的移动互联网快速崛起、成熟做出了贡献。现在,我们还在把这些积极的影响推向全世界。

不仅如此,我们还和近100家价值观一致的小米生态链企业一起,把小米模式和方法论复制到了上百个行业,推动了智能新生活方式的加速渗透,建成了世界上最大的消费级IoT平台。深入日常生活各种场景、又好又便宜的精致产品,让更多人享受到了科技带来的美好生活。坚决执行5%硬件综合净利率红线,就是践行小米的公司使命。

9.1 价格的重要价值

对新消费品牌来讲，价格策略具有十分重要的作用。

（1）价格策略是营销组合中，唯一能直接决定企业收益的核心策略。价格的高低决定着企业的盈利水平，价格也是企业的产品策略、渠道策略和推广策略的最终体现和结果。强势品牌会有比行业平均水平更高的定价权。

（2）价格锚定是新消费品牌切入市场的登陆点。新消费品牌在进入一个新的市场时，大多会先根据价格因素去分析竞争格局，并优先选择一个价格区间切入市场。

（3）价格也是新消费品牌在定位环节的关键一环。对目标用户来讲，价格的高低是用户对品牌形成定位认知的第一个重要判断。价格是用户判断产品品质和产品属性的第一感性认知，也是最直接的认知。

比如在现制奶茶行业，喜茶和奈雪的茶平均定价在20元以上，它们锁定了一二线城市的高端商业区的用户；CoCo、古茗、茶颜悦色的定价在10～20元，它们锁定的是二三线市场的中档商业圈人群；以蜜雪冰城为代表的奶茶品牌，其定价在10元以下，它们主要锁定了三线及以下市场或一二线城市的边缘商圈人群。通过对主要商品价格端的锁定，进而锁定不同的消费人群，它们各自拥有相对独立的生存空间。

9.2　品牌初创期的定价策略

传统的营销理论认为，新产品进入市场往往有两个主要的策略选择：其一，撇脂定价，即把产品的价格定得很高，以攫取最大的利润，犹如从鲜奶中撇取奶油；其二，渗透定价，即把价格定得相对较低，以吸引大量客户，从而迅速实现市场占有率的提升。

从营销实践来看，这两种策略都不是特别适合新消费品牌的定价。

一是新消费品牌的第一代产品往往都是创新型产品，无论从公司实力上看，还是从产品用户的接受度上看，一般都很难有超强的撇脂定价权。撇脂定价策略更多地适用于成熟企业推出的新产品，它们往往有成熟的渠道和规模化的用户群体。

二是新消费品牌往往基础比较薄弱，从供应链、产品成本，到营销渠道和推广，较难支撑起渗透定价策略。一个新品牌想要通过渗透定价的方式去挑战行业领导者，往往有很大的风险。企业缺少利润空间的支撑，也很难走长远。

对于新消费品牌的定价策略，我们建议以人群分层为着眼点，以竞品为参照物，通过瞄准更高定价区位或价格区间的空白点来定价。主要策略有以下两个。

1. 向更高端定价

用更高的价格进入更高圈层，到能接受更高价格的人群中建立品牌定位，这种定价策略已经成为越来越多新消费品牌的现实选择。

比如钟薛高在进入市场时，就采取了比传统雪糕高得多的价格。钟薛高的平均价格在 15～20 元/支，甚至推出了高达 66 元/支的超高价位的雪糕品种。再加上钟薛高独特的产品设计，品牌定位一下子就区隔出来了。

再看元气森林。它的平均价格在 5.5 元以上，远远高于可乐类 3 元左右的价格区间。同时再配合独特的产品卖点，元气森林在市场上形成了一种崭新的品牌认知。

茶里针对袋泡茶市场，把单包茶叶的价格推升到 3～5 元，这一价格远远高于一直处于市场领先地位的立顿袋泡茶平均几毛钱的价格，其高端品牌形象很容易树立起来。

做更好的产品，定更高的价格，符合中国某些行业中出现的消费升级趋势。中国目前的很多消费品类中，都存在这种机会。

需要说明的是，向更高端定价，不是要去进行撇脂定价，即不是要通过建立远高于成本的价格体系去薅羊毛，而是用更好的产品，瞄定某一类人群，去获得合理的利润率。

2. 向竞争力小的空白价格段定价

向竞争力小的空白价格段定价是指寻找竞品价格带的相对空白点，进行价格侵入式定位。

举两个例子。

花西子最早进入彩妆市场时选择了主打脸部的彩粉市场。从价位段上来看，国货彩粉主要聚焦于 150 元以下的价格带，以纪梵希（Givenchy）、Nars 为代表的国外品牌主打的是 300 元以上的价格带，而 150～300 元这个价格带是空白市场，花西子首先选择了这个价格带做定位突破。

再比如小罐茶品牌。小罐茶主打中国茶叶礼品市场。鉴于之前的茶叶礼品市场鱼龙混杂，从几十元到几万元的产品都有，但缺少统一的用户认知，小罐茶优先锁定了千元市场，在这一价位段精耕细作，建立了差异化价格端的品牌认知。

9.3 价格组合策略

1. 单一产品的价格策略

新消费品牌在只有一款产品推出的情况下，该怎么定义价格组合策略？大部分新消费品牌都可能是这种情况。

针对这种情况可以采取以下定价策略。

其一，将单一产品进行叠加销售。如将两套、三套或更多套产品叠加在一起销售，并对多套产品给予价格折扣。如果产品本身就是套装形式的，即其中可能含多个款式或口味，也可以把套装里的单品分拆出来，做单款包装销售，单品可与整套产品在价格上有所区隔。

其二，赠品辅助定价策略。切勿随意调整产品的定价，可以通过增加赠品的方式来发挥激励作用。

其三，歧视性定价策略。歧视性定价是指相同的产品在针对不同的人群时，或在不同的场景下，采取不同的定价方式。比如，针对老用户采用更多的价格折让；针对老年人或孩子采取优惠价格；针对直播场景，推出更多的优惠措施等。

其四，配套型产品定价策略。所谓配套型产品是指，产品是一个合成体，需要不断地消耗配件。比如，一般的净水器产品是需要不断更换过滤网的。再比如刀片式剃须刀，刀架可以用很久，刀片需要经常更换。在这样的情况下，一般可采用主体产品价格低，通过配件来提升利润的价格组合策略。

2. 多产品线的价格组合策略

多产品线是指，同时有多个不同的产品线产品在销售。在这种情况下，有如下策略可供选择。

其一，产品线分级定价。

在整体产品线中，可能会设计几种不同价格段的产品。一般情况下，应该安排三到四种价格组合。一种是低价类产品，用于吸引用户的关注；一种是高价产品——高品质、高溢价，用于树立品牌形象。然后对剩下的产品，即公司的利润产品和流量产品，进行相应定价。

其二，选择品定价。

选择品是指与主销产品相关联的产品。比如，红酒品类中的酒杯，购买汽车时的GPS、雷达、坐垫等。这些产品可以自己定制，也可以采购第三方产品，然后统一定价和销售。对什么样的可选产品进行捆绑销售，需要仔细规划。

其三，互补品定价。

互补品是指需要与另一种产品一起消费的产品。比如，打印机需要墨盒，剃须刀需要刀片。有些品牌就采取了核心产品低利润、互补品高利润的方式进行组合定价。

其四，副产品定价。

副产品就是生产或销售过程中产生的一些额外产品或"废料"。比如肉类和食品企业常会随着生产加工过程产生一些副产品。另外，比较常见的副产品是包装。如果采取一定的措施，这些副产品可以得到新的利用，也可以定价销售并获利。比如，可口可乐公司在生产橙汁饮料时会产生大量的果皮残渣，如果找企业处理还需要额外增加处理费用，于是就进行了废物利用：比如提取精油做成精油产品，制成食品香精或家居清洁剂，还可以做成牲畜的饲料。这些变废为"宝"的方式为企业增加了收入。另外，企业也可以对诸如包装等物品进行回收，进一步让消费者获利。比如，三顿半咖啡有一个"返航计划"，消费者收集三顿半咖啡的废弃盒子并达到一定数量后，可以通过线下回收获得一定的奖励。

9.4 竞争性定价策略

根据竞争的不同情况，竞争性定价策略有以下几种情况。

1. 打价值战，不打价格战

现代营销学之父菲利普·科特勒讲，不要打价格战，要打价值战。价格战是指通过降低价格来攻击或抵御竞争对手的战法。价值战则围绕的是消费者的需求，目的是提升用户的价值感。不打价格战而打价值战的要义就是不断升级产品，不断提升用户的满意度，让用户获得更多的价值感，从而不断获得竞争优势。

2. 发起降价

企业可以主动发起降价行动。主动发起降价行动的背后有三种情况：一是产品价格随着产品规模的提升，有显著的成本下降，企业通过主动降低价格，借助成本领先的优势来主导市场；二是产能过剩，需要释放产能；三是市场需求下降，企业希望获得更多用户的选择。

3. 发起提价

企业往往在原材料上升时选择提价策略。企业发起提价策略时不宜直接提升价格，可以采取灵活变通的方式。提价策略主要有四种。

一是缩减产品，即减少分量，但仍保持原价销售。

二是分拆产品，即通过删除一些属性、包装或服务，对各个组成部分分别定价。

三是简化产品，即通过替换一些组件或原材料，降低成本。

四是推出升级产品以替换原产品，即通过增加产品的特性来推出新的定价规则，从而变相提价。

4. 应对竞争者发起的价格战

首先需要预测竞争对手发起价格战对我方的影响。只有在强有力的竞争对手对我方主力产品线发起价格战时，我方才应主动跟进反击。

最优的反击策略是"三明治报价法"。根据竞品情况，可采取一高一低的夹击定价策略，即通过两组产品配合绞杀：一组产品跟竞品差不多，以略低于竞品的价格定价；另一组产品比竞品多一些特性，用更高的价格定价。也就是说，利用低价产品阻击，利用高价产品获利。

9.5 专题：经济不景气时，你该打价格战还是价值战？[①]

经济不景气时，该打价格战还是价值战？以下通过一篇网上的分析文章（有删改）加以说明。

在日本经济大衰退时期，商家都靠打折清仓渡过难关，但7-Eleven很硬核——"就不打折"。7-Eleven的创始人铃木敏文觉得，打折救不了滞销的产品，关键是要想办法提升产品的"销售力"。"就不打折"的结果是，门店的单日平均营业额可以保持在67万日元左右，比对手高出近20万日元。

[①] 梁将军. 越是艰难，越不该用"打折"来妥协：经济下行动销原则.（2022-10-17）[2023-06-10]. https://baijiahao.baidu.com/s?id=1746933500859523984&wfr=spider&for=pc.

经济下行期的购买心态:寻找"购物的合理性"

在受经济下行影响严重的日本,年轻人正走向"低欲消费"。但低欲消费不意味着低价消费。走进 7-Eleven,你会看到年轻人在工作日会来买便宜的便当和饭团,可一到周末,他们就会放弃便宜货,把手伸向更贵的"7-Gold 系列"食品。人们之所以在周末"买点儿贵的",是因为他们觉得"我已经努力工作一周了,周末必须吃点好的犒劳一下自己"。这种消费心态,我们可以叫它"自我奖励式消费"。

比如,它可以帮助用户重拾生活信念。知识付费产品在经济下行时依然红火,就是因为它们帮人们树立了一种生活信念——我们无力改变现实的时候,就让自己变得更好,未来一定会更好。再比如,有部分用户在生存的高压下,会渴望短暂地麻痹神经,忘记社会的毒打,从而类似香烟、啤酒这类"精神致幻剂"反而会卖得很好。而像潮玩手办、积木拼图、"YY 小说"这类产品,如果能正确经营,也能成为大家短暂避世的港湾。

经济下行期,人们未必喜欢"占便宜"

1997 年,日本政府为了缓解财政危机,推出了上调消费税的政策,人们一看买东西要多交税,纷纷捂紧了钱包。伊藤洋华堂为了挽回人们的消费欲,直接给产品打了八折。它尽管在降价上给出了足够的诚意,但依旧没能让低迷的消费市场回暖。当时,铃木敏文还在伊藤洋华堂工作,他不顾所有人反对,把降价改成了"返还5%的消费税"！大家一看，"返还5%"比打八折还贵了15%，肯定行不通。但结果却让人大吃一惊，那年的营业额暴涨了60%！而且，卖得最好的还都是几万日元的高价产品。相比占便宜，人们天生更怕"吃亏"，这种怕吃亏的心理，专业术语叫"损失规避"。

不能卖"惨"，要卖"信心"

经济下行时，商家也常常因为规避"成本损失"，丢掉更多卖货机会。比如，很多商家为了避免产品滞销会减少备货量，可一旦这么做，产品可能会更不好卖。我们去面包店，如果看到面包架上还剩俩面包，原价20元，打五折，我们是不会买的。不买的原因不是因为五折还不够便宜，而是我们觉得这些面包是卖剩下的，肯定不新鲜了。

越打折越卖不掉货，越卖不掉货越不敢多备货，顾客越觉得这家店总卖剩面包，从此陷入恶性循环。当商家营造出"凄凉"的景象，让顾客觉得商家很惨时，顾客不会仁慈地体谅商家，他们的心态是"我千万别当接盘侠"。所以，越是困难你越不能卖"惨"，而是要给顾客足够的"购买信心"。

伊藤洋华堂和7-Eleven在经济下行时依然做大面积陈列和密集产品布局，其实就是在向顾客传递一种"产品很好，放心买"的信念。顾客感受到它们的这份自信，不用它们打折，也会主动购买。

永远抓顾客明天的需求

7-Eleven 有个传统：店员每天要在进货之前考虑顾客第二天有什么需求。假如这是一家开在海边钓鱼码头的便利店，第二天是周末，天气很好，店员就会推测第二天钓鱼的人会变多，这些人一坐一整天，所以他们会提前来买中午饭。但中午气温会增高，那么不容易变质又顶饱的梅干饭团应该好卖，店员就会在前一天进很多饭团。

抓住明天的需求的关键是：你不能只盯着眼前的数据，你要大胆地预测顾客潜在的需求。

● 春季黄金周时，日本的年轻人大都会出去旅行，但家庭旅游不一定是全家出动。店员就会假设，爸爸们有可能会居家留守，他们很可能懒得做饭，于是就增加即时咖喱的订货量。

● 冬天虽然气温低，但偶尔天气回暖时，用户可能会感觉比较燥热，他们就会主推中华冷面。

● 还有一次，7-Eleven 的一个店长发现，一到周末，利乐小包装的果汁饮料就会卖得很好。他观察了周末的顾客，发现大家都是在出去玩的时候买给孩子喝的。果汁饮料健康，盒装且配有吸管，孩子在坐车的时候喝也不会洒出来弄脏汽车。第二周，店长就在周末增加了利乐包装果汁的采购量，并把产品放到显眼的位置。

这种"不断假设顾客明天的需求，再用产品和服务验证"的方法，就是 7-Eleven 成功的秘诀之一。

站在外行的立场，不断打破"前定和谐"

所谓"前定和谐"，指的就是人们对一个东西约定俗成的认知。比如我们都知道玻尿酸是用于脸部美容的护肤品。如果你生产出一款用于脚部皮肤的玻尿酸，这在顾客眼里就没什么不同，因为你没有跳出他们的认知圈。但你做出可以喝的玻尿酸，事情就变得不一样了，因为你打破了前定和谐，顾客会眼前一亮。如果你能持续打破顾客的预期，人们就会对你产生"哎呀，下一次会有什么新惊喜"的期待感。

7-Eleven 在一款产品畅销时，马上考虑下一代产品，因为铃木敏文坚信一个道理：绝对不能把顾客昨天追求的东西提供给明天的顾客。

7-Eleven 主打的优势是近距离便利，一开始它的运营策略是 24 小时营业，以方便人们随时购买。后来，它把水、电、煤气的缴费业务迁进来，使 7-Eleven 成为社会的基础设施；看到用户取钱很麻烦，它就为各店安装了 ATM，使便利店成了一个"微型银行"；如今日本的人口老龄化更加严重，为了让老年人足不出户感受到便利，它又增加了上门送货服务。

结语

经济下行时，保持产品大卖的方法不是用"打折"向大环境妥协，而是站在顾客的立场上，抓住顾客明天的需求，帮他们找到购物的理由。

| 第十章 |

渠道策略

渠道是售卖商品的人、企业组织或场所的集合。随着互联网技术的发展,渠道的深度和宽度继续提升,层次和内涵也更加丰富。本章将重点探讨企业在各个发展阶段的渠道策略。

> **品牌故事**

Babycare——架设立体销售通路

Babycare 诞生于 2014 年,是由设计师李阔创立的母婴品牌,其产品覆盖了 0～6 岁育儿期,包含纸尿裤、纸巾湿巾、喂哺、玩具、孕产、出行、家居等众多品类,实现了除奶粉以外的一站式全品类布局。据《钱江晚报》2022 年 3 月报道,Babycare 在短短几年时间内,在全渠道已拥有 4 500 万用户、1 000 万会员,天猫官方旗舰店粉丝数超过 1 600 万,稳居行业榜首。2021 年,其销售额超过 60 亿元。

Babycare 选择了母婴全品类布局的方式,其实也是在深入分析用户市场和渠道模型后得出的结论。传统卖场的"有限式货架"和网络销售的"无限式货架"不同,传统卖场的有限式货架属于"物以类聚"模式,而网络销售的无限式货架属于"人以群分"模式。

比如,宝洁在洗发水市场有七八个品牌,在沃尔玛这样的传统卖场中就可以占到洗发水货架一多半的位置。消费者在选择时,也会大概率选择宝洁旗下的产品。但是一旦到了电商环境,也就是到了无限式货架模式下,这种策略就会失效。仅仅是洗发水这一个类目,宝洁就需要做七八个品牌的投放,这些品牌之间还会竞价,效率非常低。而消费者在选择完一瓶洗发水后,很难再去选择宝洁旗下其他品类的商品,也就是说,在电商环境下,消费者在选商品时会跳出品牌。

Babycare 的生意模式是围绕着一类人群去做一个品牌，当人跟品牌产生联系以后，再以人为核心横向扩充品类。这种模式在 Babycare 看来更有价值。Babycare 践行的是"人以群分"，不是"物以类聚"。

Babycare 先是集中火力进入线上渠道进行销售，通过各种方法切入新生妈妈群体，实现了快速突破。但是随着产品线的不断增加，用户提出了全域购买需求。比如有很多用户反馈说，有些产品在线上购买不太方便，比如婴儿床、学步车、衣服，更希望在线下看到、摸到并购买。而且母婴产品的线下市场份额占比也很高，这也是品牌未来增长的重要原动力。于是，Babycare 开始于 2018 年全力推进线下渠道建设。目前，Babycare 已经形成了线上与线下双轮驱动的全渠道模式。

首先，继续深化和稳固线上传统电商渠道的销售，及时抓住淘宝、抖音、快手等直播电商兴起的大趋势：在淘宝直播平台上，通过搭建头部、腰部、品牌自播三大推广阵地对品牌核心产品进行高频次、全方位、多角度的直播；在抖音平台上，2019 年 9 月开通抖音账号，2020 年 4 月开通"Babycare 官方旗舰店"抖音小店，随后逐步搭建起"Babycare 母婴旗舰店""Babycare 母婴用品旗舰店""Babycare 婴童生活旗舰店"等自有账号矩阵，进行品牌自播；而在快手构筑的下沉市场中，通过设置达人品牌直播专场的形式，将快手"老铁"的信赖文化注入品牌，赢得了粉丝转化。

其次，进入线下渠道，推进多层次渠道模式的构建。2018年，Babycare 开始试水线下渠道。首先在上海的恒隆广场做了一家快闪店，效果非常好，之后开始搭建线下团队。在 2018 年一年之内，Babycare 就覆盖了全国约 2 000 家母婴店，母婴店的销售占比达到了 10%。到 2020 年，Babycare 已进入 2 万家线下门店，包括 KA 商超，如沃尔玛、孩子王、盒马鲜生、永辉超市等。Babycare 的线下销售渠道可分为直销渠道和分销渠道，其中直销渠道的占比约为 92%，分销渠道的占比约为 8%。也就是说，线下渠道除了母婴专卖店之外，还可以通过省代理商供货。

另外，Babycare 还在杭州、上海、广州等城市建设了几十家品牌形象门店，更深层次地推动品牌与消费者的直接联系。

此外，Babycare 还搭建了非常庞大的私域体系。自 2017 年以来，Babycare 的用户生命周期价值（LTV 值）增长了 70%，产品的平均生命周期延长了 30%，私域体系已经沉淀了 450 多万用户，成交订单中 90% 以上来自复购。一个典型的 Babycare 忠实消费者一年可能要消费十二三次，购买的品类超过八个。

10.1　渠道的概念和构成

1. 渠道的概念

渠道是什么？我认为渠道是售卖商品的人、企业组织或场所的集合。在商品销售的整体环节中，人可以是渠道，企业或组织可以是渠道，线上销售平台和线下售卖空间也可以是渠道。因此，渠道是一个立体的概念。我们在制定渠道策略时要有一个立体的计划。

2. 渠道的构成

按照以下维度可以将渠道分为四种，见表 10-1。

表 10-1 渠道的构成

渠道核心力	承载主体	模式	代表渠道
人	微信	裂变	有赞、微盟等
企业或组织	分销商	多层级分销	国代、省代、区域代理或者以型号品种代理
线上销售渠道	互联网平台	搜索、直播、短视频等	抖音、小红书、天猫、京东、拼多多、快手、得物等
线下售卖空间	门店	门店零售	7-Eleven、美宜佳、喜士多、罗森、KKV、盒马鲜生、胖东来、家家悦、美特好等

从人的角度来看，渠道可以是直销渠道，可以以人为中心进行裂变。现阶段，裂变主要通过微信或基于微信而建立的裂变小程序进行。

从企业或组织的角度来看，品牌商利用渠道可以做一级分销、二级分销、三级分销或者更多层级的分销，因为经销商的加入可以解决品牌商在资金流、物流甚至服务功能等方面的问题，便于品牌商整合社会资源。品牌商则需要让渡一部分利润空间。

从线上销售渠道的角度来看，目前主要有天猫、京东、拼多多、抖音、快手、小红书、美团、饿了么、得物等。从电商的进化来看，电商经历过两个阶段的发展：一是以京东和天猫为代表的搜索电商模式，二是以抖音和小红书为代表的内容电商模式。这两种电商模式也在发生融合。

从线下售卖空间的角度来看，新消费品牌主要在抢占社区型便利店、商场型精品店、生鲜店。优先进驻社区店，便于新消费品牌给年轻人提供更方便的购物体验。

10.2 新消费品牌在初创期的渠道策略

新消费品牌在初创期的渠道策略主要有三种。

（1）一般通过单渠道测试，先站稳一个渠道，然后再向全渠道拓展。单渠道测试就是先选定一个主力渠道，开设品牌店铺，通过测试新产品，先在单一平台找到销售发力点，并巩固销售阵地。从目前中国的线上平台来看，有爆发力的平台首推内容平台，如抖音和小红书。如果在抖音或小红书平台上能够站稳脚跟，可再跟进开发天猫、京东等传统货架式平台。

（2）选择天猫为主力销售渠道，但品牌需要在外围进行推广，将流量引到天猫平台交易。如，在抖音和小红书等平台"种草"，将流量引到天猫平台进行交易。

（3）私域渠道。新消费品牌如果在早期发展时专注于私域裂变渠道，也可能有机会，但是需要制定一个非常有吸引力的裂变方案和一个非常高效的推广策略。

10.3　渠道的扩张与演进

随着品牌销售的不断增长，新消费品牌可能需要不断深化渠道变革。变革是为了更好地接近用户，提升用户的认知与好感度。

常见的渠道变化与演进方式有三种。

（1）从线上走到线下。这种方式已经成为很多品牌的渠道扩张方式。早期的新消费品牌都是先在线上平台取得突破，打造了一定的品牌知名度后，开始布局线下市场。品牌在布局线下市场时，往往采取不同的产品线策略，应用与线上不同的定价策略。比如王小卤、拉面说等品牌。

（2）从线下走到线上。有一些品牌先是从零售店起步，等获得了一定品牌认知度后，开始向线上渠道扩展。比如周黑鸭、绝味食品等，这些品牌最早都是零售品牌。

（3）从线上走向开设自有品牌零售店。这种模式也许会被越来越多的品牌采用。采用这种模式的品牌早期通过线上打造出一定的品牌影响力，然后在线下开拓自有品牌零售店。比如，小米品牌先在线上取得了突破，然后在全国建立品牌专卖店。三只松鼠、茶里等很多新消费品牌也采取了这样的模式。从趋势上来看，如果品牌的产品线已经足够丰富，品牌就必然要开设自有品牌零售店，因为这样可以与用户建立起更加紧密的联系，用户可以更容易看见产品，买到产品，从而品牌可以获得更多的销售机会。另外，品牌也可以以零售店为基础，开展各种品牌活动，增强与用户的联系。

10.4 私域、短视频和直播

新媒体平台和电商平台的功能融合，让品销合一成为可能。所谓品销合一就是将品牌宣传和销售转化融合为一个整体，企业在做品牌宣传的时候，也可以直接看到销售转化数据。私域、短视频和直播，既是销售渠道，也是推广渠道。

私域是企业通过微信等平台，建立起的以品牌为中心的关系群。在这片"自留地"里，用户都是关心自己的粉丝，因此企业开展推广时，营销费用将大大降低，转化效率将大大提升。

短视频和直播是两个相辅相成的销售手段，也是新消费品牌必须深入执行的两个手段。在抖音、小红书、快手等平台上，企业通过短视频来打造产品和品牌形象，通过直播进行转化，已经是必选项了。企业内部也要有专门的组织结构来配合执行。

10.5　专题：新消费品牌的私域流量怎么做

挖个池塘，自己养鱼，是对私域流量的形象比喻。但私域流量不是"薅羊毛"，而是用低成本的方式追求用户的长期价值，其本质是更贴近用户、更好地为用户服务。

一、私域流量的定义、特点与布局

私域流量是相对于公域流量的概念，是指不用付费，可以在任意时间，以任意频次，直接触达用户的渠道。简单来说，现在的私域流量主要是指微信以及以微信为基础的营销服务平台。

私域流量有以下三个主要特点：

一是降低营销成本。私域流量内的用户是品牌可以直接触达的人群，不需要品牌花费额外的广告费用，因此可以降低品牌的营销成本。

二是贴近用户服务。私域流量能增强品牌与用户的沟通能力，增强品牌影响力。

三是追求用户的复购率和用户长期价值。

私域流量该如何布局呢？

私域流量的布局主要基于微信平台展开，主要有以下五种形式：

一是企业微信号。借助企业微信号品牌可以以官方的名义对接用户，而且用户数量不受限制，可以扩展。

二是个人号。以企业 IP 或模拟员工 IP 的方式参与用户的直接对接和转化。

三是企业公众号。企业公众号提供信息传达和用户服务功能，分为订阅号和服务号两种。订阅号每天可以群发一次，服务号只能每周群发一次。但服务号应用得更深入，建议优先选择服务号。

四是视频号。视频号是微信推出的一个短视频和直播平台，可以链接购物车小程序，便于用户直接进行商品交易。

五是小商店。小商店是一种购物小程序，用户在小商店中可以直接下单交易。

二、私域流量的来源

私域流量既可以来源于微信站内，也可以来源于微信站外。

（1）站内来源：

①公众号。企业可通过公众号发出的内容吸引潜在用户进入私域流量池。

②视频号。用户关注视频号后会直接进入公众号页面。企业在直播时可以链接企业微信卡片和小商店，进而可以引导用户进入私域流量池。

③社群和朋友圈。企业可通过朋友圈裂变，吸引用户加好友。

④流量置换。企业用自己的微信平台跟其他品牌进行流量置换，就是甲帮乙推，乙帮甲推，吸引对方的用户。

（2）站外来源：

①内容平台。如抖音、快手、小红书、知乎、B站等。我们以抖音为例，来看如何利用内容平台引流。

- 抖音个人主页。抖音个人主页主要包括抖音背景图、个人简介、视频合集等，可以比较隐晦地说明添加微信的方式（之所以要隐晦，是因为平台之间有竞争，抖音也不想让企业明目张胆地把它的流量转移到其他平台上）。
- 抖音私信。
- 抖音评论区。企业可以借用第三方，来引导用户添加微信。
- 抖音直播间。
- 抖音粉丝群。
- 企业蓝V。申请企业蓝V后可以在抖音上外挂公司官网链接，然后吸引用户通过官网链接加微信。

②电商。电商加微信主要通过包裹卡的形式，企业要在包裹卡上增加"钩子"，这样用户在购买商品后，会主动添加企业微信。通常采用的方法是添加微信后予以返利。

③实体店。实体店加微信主要有两种方式：一是结账前加微信返现金红包，二是邀请加入公司福利群。

三、私域管理

1. 私域管理的方法

（1）私域客户分层管理。要为私域用户打标签。比如，该用户的身份背景、通过什么渠道加入、成交状态、消费偏好等。要为已经成交的用户和未成交的用户分别打上不同的标签，便于后期管理。

（2）建立标准化的沟通话术。围绕用户进入私域的方式、回答用户的问题、售后服务等流程，建立起一套标准的话术体系，方便管理。

（3）微信号形象IP化。要实现微信号形象的IP化，最好通过IP化的装点，让企业微信号更显温度。如果是个人微信号，应由企业统一管理，这样即使人员离职，用户也在企业的掌控之下。

（4）私域管理重在内容输出。输出的私域内容不应该只讲产品和促销信息，还应该多讲对用户群体有价值的知识。

2. 私域管理的注意事项

（1）私域管理是一项系统工程，不能要求一蹴而就。它特别需要精细化运营，核心是经营用户，目标是获取用户的长期价值。

（2）私域管理必须与公域管理相辅相成。企业在向内看的同时，更应该向外看。

10.6 专题：什么是新零售

在2016年10月的阿里云栖大会上，马云在演讲中第一次提出了新零售："未来的十年、二十年，没有电子商务这一说，只有新零售。"

所谓新零售,是指企业以互联网为依托,通过运用大数据、人工智能等技术手段,对商品的生产、流通与销售过程进行升级改造,并对线上服务、线下体验以及现代物流进行深度融合。简单来说,新零售就是以大数据为驱动,通过新科技的发展和用户体验的升级,改造零售业形态。线上线下和物流结合在一起,才会产生新零售。

自此概念提出以来,已经有包括阿里巴巴、腾讯、百度、京东、小米、网易等众多企业开始了新零售的探索之路。其中比较出名并且从一开始就完全按照新零售模式操作的,有阿里巴巴的"盒马鲜生"、腾讯与京东系的"超级物种"、小米公司的"小米之家"、网易公司的"网易严选"等。新零售模式产生的主要原因如下:

(1)线上零售遭遇天花板。电商的线上流量红利正逐渐见顶,与此同时线下的边际获客成本几乎不变,线下渠道的价值重新回归。

(2)移动支付等新技术开拓了线下场景的便捷支付方式,进一步开拓了线下场景和消费社交,让消费不再受时间和空间的制约。

(3)新中产阶层崛起。新中产阶层主要是指"80后"和"90后"新一代消费人群,他们接受过高等教育、追求自我提升,逐渐成为社会消费的中流砥柱。

新中产阶层的消费观的最大特征是理性化消费倾向明显。相较于价格，他们更在意品质和性价比，对于高品质的商品和服务，他们愿意为之付出更高的代价。对他们而言，线上挑选、线下体验已经成为一种购物时尚。

一、新零售的特征

1. 多平台多系统融合

新零售的商业生态将涵盖线上、实体店面、支付终端、数据体系、物流平台、营销等诸多方面，并嵌入购物、娱乐、阅读、学习等多元化功能，进而推动企业线上服务、线下体验、金融支持、物流支撑等四大能力的全面提升，使用户对购物过程的便利性与舒适性的要求得到更好满足，并由此增强用户黏性。

2. 智慧型链接

新零售商业模式得以存在和发展，正是源于人们对购物过程中个性化、即时化、便利化、互动化、精准化、碎片化等要求的逐渐提高，而满足上述要求则在一定程度上需要依赖智慧型购物方式。可以肯定，在产品升级、渠道融合、用户至上的新零售时代，人们经历的购物过程以及所处的购物场景必定会具有典型的智慧型特征。未来，智能试装、隔空感应、拍照搜索、语音购物、VR逛店、无人物流自助结算、虚拟助理等场景都将真实地出现在消费者眼前甚至获得大范围的应用与普及。

3. 更丰富的体验式购物场景

随着我国城镇居民人均可支配收入的不断增长和物质产品

的极大丰富，消费者主权得以充分彰显，人们的消费观念将逐渐从价格消费向价值消费过渡和转变，购物体验的好坏将愈发成为决定消费者是否进行买单的关键性因素。在现实生活中，人们对某个品牌的认知和理解往往会更多地来源于线下的实地体验或感受。而体验式经营方式就是通过利用线下实体店面，将产品嵌入所创设的各种真实生活场景之中，赋予消费者全面深入了解产品和服务的直接机会，从而触发消费者的视觉、听觉、味觉等方面的综合反馈，在增进消费者的参与感与获得感的同时，使线下平台的价值得以进一步被发现。

二、新零售的未来发展趋势

第一个趋势：新零售理念将推动门店体验技术持续升级。线上品牌会逐渐布局线下渠道，使得线上与线下渠道有机融合，形成全渠道资源共享格局。数字世界和物理世界融为同一个世界，将成为新零售行业发展的新方向。

第二个趋势：新零售服务商将大量涌现。随着市场重心从制造商转向零售商，再转向消费者，谁接近消费者谁就是赢家。

第三个趋势：数字化将向产业上游渗透。数字化进一步从消费者向零售商迁移，最后向上游品牌制造商迁移，也就是我们常说的零售业互联网化进一步转向工业互联网化。工业互联网化不再是中国制造、美国制造，而是互联网全球制造。这个制造基于的是新商业基础设施和消费者需求，将重新定义制造业。

第十一章

推广策略

以抖音、快手、小红书、B站、知乎、微信、微博等为代表的短视频与直播平台、社交与内容平台，已成为用户获取新消费品牌认知的主流媒介平台。更加丰富多彩和强互动性的内容营销大量替代了传统营销的推广方式。本章将以内容营销为主线，系统介绍市场营销整合传播的策略组合。

品牌故事

三顿半——以探索之名行品牌沟通之道

三顿半成立于 2015 年 4 月，主营精品咖啡，主要为用户提供澎湃装挂耳咖啡、手冲咖啡、冷萃咖啡、手摇咖啡磨豆机等产品。2019 年 11 月三顿半超越雀巢，成为天猫"双 11"大促季速溶咖啡的品类第一。2021 年 6 月，三顿半完成了新一轮融资，估值已达到 45 亿元。三顿半除了抓住了冷萃速溶咖啡产品品类的先机，还通过全新的小罐包装方式吸引了大量用户。此外，它在与用户的沟通上，也有自己非常独到的做法。

自 2018 年推出小杯装的速溶冷萃咖啡产品后，三顿半开始提升自己的品牌理念，以"精品咖啡的生活方式"为主线，通过挖掘和探索咖啡与生活的深度联系，逐渐构建起了"消费者＋精品咖啡＋生活方式"的立体化的、内容化的品牌沟通样式。

以"返航计划"为年度中心事件，加深与用户的互动联系

返航计划的提出原本是为了应对产品包装危机。因为三顿半速溶咖啡使用了塑料小罐包装，消费者在喝完后就产生了大量的废罐，很多人提出了不够环保的批评。三顿半经过思考，推出了小罐返航计划，即小罐积攒到一定数量后，消费者可以前往在各城市设置的返航点，以空罐兑换主题物资，回收的空罐也将被再利用制成生活周边产品。返航计划每年集中开展两次，主要是与各地的线下咖啡店合作,邀请三顿半用户到线下参与换购礼品的活动。自2019年8月三顿半在公众号发布了第一季返航计划并招募城市返航点后,返航点的申请数量以及活动参加人数都远远超出了预期,从此这个活动成为三顿半主要的标志性营销活动。如第四季返航计划覆盖了52座城市、168个返航点,有438名志愿者及3万多名用户参与,这相当于一场草莓音乐节的人数规模。在前六季的返航计划中,三顿半共接待了125 653名返航者,回收了13 671 400个咖啡空罐,交付了578 521件物资。在第七季返航计划中,三顿半以"连接与循环"为主题,共覆盖70座城市和259家咖啡馆。在三顿半开展的返航计划中,涌现出大量的故事和内容素材,这进一步增强了三顿半内容营销的资源整合能力。

链接用户的多元化生活场景

用户处于不同的圈层,有着不同的爱好和生活习惯。三顿半通过仔细筛选出与自己品牌定位相符的KOC和KOL,与他们共创内容,以他们为杠杆,撬动相同属性的用户群体。三顿半选择的KOC和KOL所推出的内容都是在探索生活,探索不同的圈层文化。与他们合作的场景有写歌、旅行、露营、声音电台等。三顿半通过讲生活的方式讲咖啡和传递品牌理念,把三顿半的品牌融入生活中,再一次同用户产生了大量的共鸣与互动。如通过众筹的方式发起资助B站旅游UP主的旅行里程,资助他探索喜马拉雅山;与B站音乐UP主合作,发起为1~6号咖啡写歌的活动；与露营达人一起组织露营活动，将三顿半咖啡变成活动中交流、休闲的组成元素。

通过周边产品增强品牌价值感

三顿半推出了大量的周边产品。有用户甚至开玩笑讲，三顿半的周边产品设计得比咖啡还要好，比如铅笔、抱枕、陶瓷杯、胶带、手机壳等。将这些产品摆在办公桌或床头，能进一步增强品牌与用户之间的情感纽带，并不断地为用户传递品牌的价值感。

通过联名品牌增强娱乐性

主要的联名方式有产品联名、店铺联名。在产品联名层面，如将两个品牌的产品设计成一个独立的联名礼盒。在店铺联名层面，三顿半联名茶颜悦色，将原本三顿半的 Demo 店升级为跨界合作的咖啡奶茶店。三顿半与 niko and... 首次联名，带来以爱为灵感的联名系列产品；限时联名飞行快闪店 love Coffee love，将在 niko and... 飞行 18 天。三顿半还曾做过一场"咖啡彩蛋"活动，接连与十几位国内设计师、漫画师、插画师、Vlog 博主、美学博主共同打造咖啡联名款，成功帮助品牌渗透进更广的圈层。

建设线下概念店，增强用户融入感

比如，2021 年三顿半在上海开了第二家咖啡店，店名叫"原力飞行"。这是三顿半探索线下精品咖啡店的另一个蓝本。消费者在这里可以喝到现做的精品咖啡，也可以买到小杯子形状的随身咖啡。不一样的地方在于三顿半将店内打造成了一个可以变化、流动的空间，在这里可以举办T台走秀、乒乓球比赛以及延展到店外的骑行等社交活动。目前，三顿半正在探索一种将"精品咖啡的生活方式"延伸到消费者日常生活场景的融入模式。

三顿半的品牌推广之路才刚刚开始，还有更多的创意要去探索。

11.1 推广策略的核心是做好内容营销

在传统营销学理论中，promotion可以理解为促销或推广。科特勒在《市场营销：原理与实践》（第17版）中，将这一部分定义为"整合营销沟通战略"。无论是促销、推广或整合营销沟通，其基本动作都是对广告、销售促进、事件营销、公共关系、数字化营销、社交媒体传播、人员推销等一系列产品推广方式的组合。我在这里使用"推广"一词，其内涵都是一致的。

新消费品牌推广策略的核心已经建立在内容营销的基础上。内容营销是随着新媒体平台的集体爆发而产生的。以抖音、快手、小红书、B站、微信、微博、知乎为代表的短视频、直播、社交和知识平台，为新消费品牌的推广带来了颠覆性的改变。碎片化的、丰富多彩的、互动性更强的内容代替了传统营销传播中的"分割式"的组合方式，成为消费者认识品牌、认同品牌、消费品牌的主要介质；而且内容是没有天花板的流量入口，好内容是流量的长期洼地，值得我们用心经营。尤其是当流量红利渐次消失后,内容红利还有一定的价值周期。从某种程度上讲,以后公司的市场部或品牌部应该改为内容营销部,公司应该有媒体公司的特征。本章就以内容营销为主线,整合市场营销的推广策略。

先说什么是内容。

《现代汉语词典》(第7版)对内容的定义是:事物内部所含的实质或存在的情况。内容关涉的是我们在艺术作品中感受到的、主观的、心理的和情感方面的意涵,与我们对描绘性方面的单纯知觉相对。

我之前在对新消费品的描述中曾讲到,新消费品都是"物理产品"和"精神产品"的结合体。在实验室或工厂,新消费品是物理产品;在公司的营销部,新消费品是精神产品。有时候,这两个产品可能根本不是一回事。精神产品对新消费品牌来讲,已经到了非常重要甚至决定品牌长期生存的地步。只有好的物理产品,品牌已经很难走出去。内容是产品精神属性的载体。经营内容不仅仅是一种营销策略,更是产品策略的重要一环。

那什么是内容营销呢?

百度百科的定义如下:内容营销指的是以图片、文字、动画、视频等介质将有关企业的相关内容传达给用户,促进销售,并通过合理的内容创建、发布及传播,向用户传递有价值的信息,从而实现网络营销的目的。

美国内容营销协会(CMI)对内容营销的定义是:通过制作

和发布有价值、有吸引力的内容来吸引、获取和聚焦明确界定的目标人群,最终使这些人群产生消费转化并带来收益的营销和商业过程。

内容营销包括以下三个要素:

(1)内容营销的源头是研发有价值、有吸引力的内容,内容是社交货币。

(2)内容要通过整合营销传播来向用户传递,传递的通道需要广泛和有效。

(3)内容要能高效流转,形成转化,给企业带来收益。

11.2 内容从哪里来

新消费品牌的内容一般有以下七个来源。

1. 讲述企业故事

企业故事可以包括企业诞生的想法和历程、企业创始人的人生经历和态度、公司的获奖情况和获得的荣誉、企业参与的赞助和慈善活动等。还可以做一些文本营销类传播,即为企业出书,鼓励企业创始人参与各种论坛、访谈、演讲等。讲好企业故事,是塑造品牌定位和价值观最好的方式,从而使品牌能够一下子打动人心。企业故事要有传奇性。

2. 讲述产品故事

品牌可以从产品的创意、工艺、流程、新科技、新材料、供应链、经销商、消费者、竞争对手、产品包装等角度，来挖掘产品故事。产品故事要有温度和可触摸感。

3. 讲述品牌价值观

品牌所要传递的价值观特别重要，这决定了用户能否对品牌产生真正的认同感。关于价值观该如何设计和传播的问题，前面的章节中已有专门的论述。

4. 参与热点事件

关注社会热点，参与对热点事件的讨论。蹭热点不是单纯地蹭流量，而是去蹭符合自己品牌价值观的热点，不能参与不符合品牌价值观的热点事件。蹭热点最重要的作用在于增强用户对品牌价值观的理解。

5. 跟进节日营销

中国的节日很多，也有很多有内涵的东西可供挖掘；另外中国的造节运动也很盛行，品牌需要保持跟进。在节日时，及时发布跟节日有关的内容，可以增强品牌与用户的互动关系。

6. 自创品牌主题活动

品牌也可以自己创造自己的主题活动，组织线上主题活动或线下主题活动，或者二者结合的主题活动，让用户主动参与进来，如三顿半咖啡的"返航计划"等。

7. 策划品牌跨界营销

品牌可以跟其他行业内或不同行业的品牌，联合开发产品或者联合开展营销活动，破圈进入对方的用户群体，增强自身的话题感和娱乐性。

上述七个方面是新消费品牌常见的内容来源方式。对于内容研发，核心有四句话：内容要有故事性；内容要包含价值观和品牌态度；内容要有趣；内容要有用。内容要能成为社交货币，激发用户的点赞、评论和转发。企业也可以对内容进行切片，发挥内容的长尾价值。

11.3 内容营销平台

内容营销平台主要有四类。

第一类：企业领导人话语平台。

参与各级政府机构、商学院、媒体等组织的论坛、专访、授课、研习班等，通过新闻平台、政府平台、教育平台等方式传播内容。

第二类：互联网开放平台。

目前，中国主要的互联网开放平台有八个（见表11-1），它们在分发内容时各有侧重点。

表11-1 中国主要的互联网开放平台

平台名称	内容侧重点
微博	主打话题类和舆情类内容
微信	主打互动类、深度参与类内容
抖音、快手	主打话题类、娱乐互动类内容

续表

平台名称	内容侧重点
小红书	主打"种草"类、口碑类内容
B 站	主打测评类、口碑类内容
豆瓣、知乎	主打品牌类和知识类内容

第三类：内容植入性平台。

通过赞助的方式，内容植入性平台可以把产品带到电影、电视剧、专题节目等社会化娱乐平台。当然，电视、互联网和纸媒也算是内容营销平台之一。当前，赞助娱乐化节目已经成为新消费品牌的核心推广策略之一。

第四类：门店或包装。

如果你做的是零售店品牌，你的门店就是内容平台。消费者一看到你的门店，就在接受你传递的品牌内容。产品的包装也是内容平台，消费者一看到你的产品包装，也在接受你传递的品牌内容。

11.4 内容营销策略

新消费品牌推广策略的核心就是探索与用户如何沟通。

沟通策略需要重点关注两点：一是沟通的内容；二是流量的打法。其实质就是"说什么"和"怎么说"的问题。

一、市场环境的变化带来内容的变化

制定沟通策略，需要首先了解现在的市场环境发生了哪些重要的变化。我们以五年为界限，先看看消费市场最近五年主要的三大变化。

1. 用户群体的变化

"90后"和"95后"的新生代人群正在快速获得中国消费市场的主导权。这类人群的成长环境造就了他们不同的价值观和消费观。比如，他们比他们的父辈更加青睐中国品牌、中国元素和中国文化。他们处于中国高速发展的红利期，没有经历过艰难的物质短缺期，对基本物质产品的需求上升为对更高品质和更高情感的需求。于是，企业在新产品的开发上，有了更多的内涵。

2. 沟通渠道的变化

中国自全面进入4G通信时代以来，随着移动互联网技术的快速发展，诞生了很多平台级互联网企业。这些平台级互联网企业构建了丰富多彩的新的信息沟通手段，让消费者随时随地都能与世界相连，获得信息并反馈信息，如图文、声音、视频、直播等。同时，消费者也因此更加割裂化、分层化和圈层化。千人千面的互联网技术，使得媒介环境变得既复杂化又简单化。复杂化是指人群更加分裂，媒体决策更加复杂；简单化是指，因为数字化，消费者更容易聚类。在选取的沟通渠道和方法上，新消费品牌的关注点发生了很大的变化。

3. 产品竞争更加激烈，消费者的喜新厌旧感更加明显

随着市场竞争越发激烈，新产品的先发优势持续的时间会越来越短。竞品会迅速增加，从各个方面对新产品发起围剿。而用户的品牌忠诚感也没有那么持久，新生代用户更容易去尝鲜，尝试使用新品牌的新产品。如何维持或提升用户的复购率，成为新消费品牌面临的一大难题。

二、什么是有效的内容

有效的内容是指既能体现品牌价值，又能让消费者感兴趣的内容。

什么是消费者感兴趣的内容呢？

据腾讯营销洞察（TMI）联合人民网研究院发布的《95后年轻人注意力洞察报告》，1995年至2000年出生的年轻人既有"熊孩子"的顽皮和求知欲，也有"初级社会人"的成熟和迷茫。处在这样的人生阶段，他们的注意力在时间、内容、形式和场域上有独特的分配方式。

从新生代消费者的价值观来看，他们更加向外探索、向内生长。处于成长转型期的"95后"，有着独特的内心诉求。他们有着对自我"人设"的坚持，对美好生活的见解，既追求个人价值

的实现，也在寻找群体归属感。

他们主要有以下四个特点。

（1）凸显独特人设。对59%的"95后"年轻人而言，"凸显独特人设"是他们内心的重要驱动因素。贴着"个性"标签成长起来的他们，初入社会时依旧保留着对自我人设的坚持。他们爱刺激爱反转，乐于用创作的方式为自己塑造独特人设。69%的"95后"年轻人表示会用特定调性的品牌为自己的人设增彩。

（2）追求美好生活。54%的"95后"年轻人认为，"追求美好生活"是他们选择注意力落点的重要考虑因素。对于美好生活，"95后"年轻人也有着自己的理解。其中，55%的"95后"年轻人认为美好生活是"快乐生活，享受当下"。在2020年新冠疫情肆虐的背景下，52%的"95后"年轻人认为美好生活是"保持健康"。

（3）实现个人价值。42%的"95后"年轻人表示，"实现个人价值"是他们内心的重要驱动因素。他们眼里有光，心中有梦。80%的"95后"产生过创业的想法，他们跃跃欲试，希望将工作与兴趣结合（39%），也更期待能够通过创业实现自己的价值（55%）。

（4）寻得群体归属。37%的"95后"年轻人认为，"寻得群体归属"自己才能找到属于自己的一方天地。他们立足自身，既关注与自身发展息息相关的就业等话题（51%），也具有大局观，广泛地关注社区进步、国家发展与国际大局。

新消费品牌应该围绕用户的上述价值观和注意力特点来开发内容。内容不是站在企业或品牌的角度来拟定，而是站在用户的角度来拟定。

另外，内容的制定也是需要与时俱进的。我们可以参见可口可乐 100 年来的广告语。可口可乐每隔一段时间，就会根据当时的消费市场特点，提炼出有继承和进化关系的广告语，并且围绕该广告语所代表的语境开展一系列的主题推广活动。需要指出的是，可口可乐多年的广告语都与快乐和幸福感有关，而这是该品牌的根本。

可口可乐历年的广告语如下：

1886 年，Drink Coca-Cola；1904 年，Delicious and Refreshing；1905 年，Coca-Cola Revives and Sustains；1906 年，The Great National Temperance Beverage；1917 年，Three Million a Day；1922 年，Thirst Knows No Season；1923 年，Enjoy Thirst；1924 年，Refresh Yourself；1925 年，Six Million a Day；1926 年，It Had to Be Good to Get Where It Is；1927 年，Pure as Sunlight/Around the Corner from Everywhere；1929 年，The Pause that Refreshes；1932 年，Ice Cold Sunshine；1938 年，The Best Friend Thirst Ever Had；1939 年，Thirst Asks Nothing More/Whoever You Are, Whatever You Do, Wherever You May Be, When You Think of

Refreshment Think of Ice Cold Coca-Cola; 1942 年, The Only Thing Like Coca-Cola is Coca-Cola Itself; 1948 年, Where There's Coke There's Hospitality; 1949 年, Along the Highway to Anywhere; 1952 年, What You Want is a Coke; 1956 年, Coca-Cola…Makes Good Things Taste Better; 1957 年, Sign of Good Taste; 1958 年, The Cold, Crisp Taste of Coke; 1959 年, Be Really Refreshed; 1963 年, Things Go Better With Coke; 1969 年, It's the Real Thing; 1971 年, I'd Like to Buy the World a Coke (part of the "It's the Real Thing" campaign); 1975 年, Look Up America; 1976 年, Coke Adds Life; 1979 年, Have a Coke and a Smile; 1982 年, Coke Is It!; 1985 年, We've Got a Taste for You (for both Coca-Cola & Coca-Cola classic)/America's Real Choice (for both Coca-Cola & Coca-Cola classic); 1986 年, Red, White & You (for Coca-Cola classic); 1986 年, Catch the Wave (for Coca-Cola); 1987 年, When Coca-Cola is a Part of Your Life, You Can't Beat the Feeling; 1988 年, You Can't Beat the Feeling; 1989 年, Official Soft Drink of Summer; 1990 年, You Can't Beat the Real Thing; 1993 年, Always Coca-Cola; 2000 年, Coca-Cola. Enjoy; 2001 年, Life Tastes Good; 2003 年, Coca-Cola…Real; 2005 年, Make It Real; 2006 年, The Coke Side of Life; 2009 年, Open Happiness; 2016 年, Taste the Feeling; 2021 年, Real Magic。

11.5 内容营销推广的组合工具

企业在拟定了内容以后,就要考虑获得和运营流量的问题了。流量是品牌与用户沟通的桥梁,没有对流量的运营,内容也无法走出去。

流量主要源于企业所开展的整合营销传播活动。随着移动互联网的普及,社交电商和内容电商的兴起,企业的整合营销传播已经发生了深刻的变革。根据中国企业营销的实践,我总结了新消费品牌的"整合营销传播工具包"(见图 11-1)。这套工具包包含了十种常用的企业推广工具,这十种工具已经成为数字化营销时代下的必选工具。成功的新消费品牌在制订营销计划时,几乎都会给每种工具分配预算。

1. 头部大 V 和头部明星

头部大 V 是指一个销售平台上数一数二的直播带货"大咖"。头部大 V 往往能给新品牌带来非同凡响有时候甚至是决定性的影响力。很多新产品都是在这些头部大 V 的直播间首次被消费者了解并购买的。头部大 V 是任何一个新品牌或老品牌都极力争取的对象,他们能带来品牌的高势能和高转化。头部大 V 主要通过直播带货的手段给品牌赋能。另外一个常用的手段是剪辑带货片段,作为短视频推广的素材。头部明星作为新品牌的代言人,通常能帮助品牌打造知名度,同时强化品牌的人设。

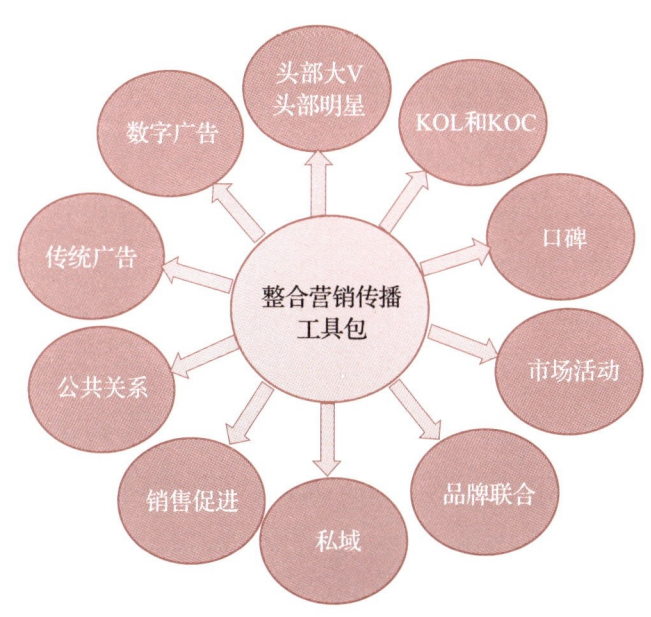

图 11-1 整合营销传播工具包

中心：整合营销传播工具包
周围：头部大V 头部明星、KOL和KOC、口碑、市场活动、品牌联合、私域、销售促进、公共关系、传统广告、数字广告

2. KOL 和 KOC

KOL 的英文全称为"key opinion leader"，意思是关键意见领袖。KOL 是在某一领域发表观点并且有一定影响力的人。KOC 的英文全称为"key opinion consumer"，即关键意见消费者，一般指能影响自己的朋友、粉丝并使之产生消费行为的消费者。KOL 和 KOC 一般通过各自账号下的图文、短视频、直播等方式为企业服务，他们组成影响者群体，是消费者深度了解产品和品牌的主力渠道。企业在制定推广策略时，往往会将头部大 V 和 KOL、KOC 做组合式投放，形成一个金字塔结构，从而更有利于以点带面地渗透到目标用户群体中。

3. 数字广告

数字广告包括信息流广告、搜索引擎广告、短视频广告、网络电视广告等。数字广告通过记录互联网用户的使用习惯，积累起用户标签，为用户推送他们感兴趣的产品信息，使得企业投放广告的目标人群越来越精准。

4. 传统广告

传统广告包括电视广告、电梯间广告、地铁/公交站台广告、平面杂志广告、电台广告、其他场地广告等。传统广告对于打造品牌知名度仍有较大价值，尤其是在企业打造品类认知度上具有重要价值。

5. 公共关系

公共关系是指公关软文、公关活动、企业赞助以及企业与政府和投资人的关系等。通过开展丰富多彩的公关活动，企业可以增强与利益相关者的信任关系。

6. 口碑

口碑广泛分布于线上的论坛、商品评价、社群与朋友圈中，口碑在一定程度上几乎决定了商品的畅销与否。消费者在购买任何商品时，基本上都会去看用户购买后的评价。总体评价不好的商品，很难有机会成为畅销品。因此，品牌的口碑管理其实是非常重要的一环。口碑既可以是用户自发形成的，也可以是企业主动运作的结果：比如企业可以通过与一些忠诚用户或活跃用户建立链接，主动推动用户口碑的建立和传播；还可以通过 KOL 等网红群体，制造病毒式口碑传播事件。此外，对于用户投诉和负面口碑，企业要建立起应急管理机制。

7. 市场活动

市场活动是企业自行建立或与合作方一同参与的品牌传播活动。市场活动可以是线上的，也可以是线下的，但经常是线上和线下相结合。市场活动的常见主题有：新品上市发布活动、会员主题活动、节日促销活动、明星合作活动等。通过开展各种类型的市场活动，企业可以增强与用户的互动关系。

8. 品牌联合

品牌联合是指企业通过联合两个或更多的品牌一起开展联合营销活动。品牌联合可以是产品合作开发上的联合，也可以是营销活动上的联合。品牌联合有成分（或配件）品牌的联合、IP品牌授权的联合以及双方品牌捆绑等联合方式。品牌联合已经成为中国新消费品牌常用的营销手段，甚至有不少品牌都已经与数十家其他品牌开展过联合品牌营销活动。品牌联合的双方一般用户群体比较接近，从而可以进入对方的用户群体，互相借势，以更低的成本交换用户，同时也使得品牌更有创意。

9. 私域

私域是通过微信公众号、微信群等建立起来的用户私密平台。对品牌感兴趣的用户被纳入品牌私域中，从而品牌可以直接与用户建立起长期关系，并大幅降低广告成本。中国的新消费品牌普遍都把私域运营作为核心营销手段之一，私域运营带来的销售额通常都能占到一个比较高的比例。全域运营体系也正成为行业内的领导企业全力探索的方向。客户数据平台（CDP）、数据管理平台（DMP）、营销自动化（MA）、机器人流程自动化（RPA）等将为营销技术注入新的生命。

10. 销售促进

销售促进是指能够刺激消费者购买和经销商销售的各种促销工具的组合，如抽奖、秒杀、预售、团购、优惠券、商品陈列、展览会、快闪店等。销售促进具有引人关注、激励诱导、邀请参与等特点。

上面所介绍的十种工具具有不同的价值点。在发展的不同阶段，企业应采用不同的组合。一个立体化的品牌建设，也需要对各种营销工具进行合理使用和分配预算，这也是对营销人员的最大考验。我将在本书的第十四章，围绕品牌增长路径，再深入讨论这十种工具的组合应用问题。

11.6　初创品牌的内容营销该怎么做

初创企业的各方面资源可能都不足，初创企业要想突出重围，就必须采取守正出奇的策略。这里所说的"守正"指的是产品本身一定要有新的创意，能吸引到潜在的用户，这是所有新消费品牌能出圈的"正途"，不能偏离；"出奇"就是要通过内容营销的方式突破流量瓶颈。如何获得低成本流量是新消费品牌必须要做的功课。

开展卓有成效的内容营销需要遵循"三部曲"。

第一部曲：塑造产品卖点，营造超级价值感。

关于这一点，有三句话：卖点挖掘要足够"尖"；超级广告语要足够"狠"；产品包装要足够"色"。

要将产品的创新转化为用户的卖点。不能站在企业的角度来定义用户卖点。更多时候要从用户的使用场景上切入产品卖点，要能营造用户使用的画面感。卖点要有一个最大的利益点，同时还能从中梳理出 5～10 个辅助的利益点。

超级广告语是描述产品卖点并能引起用户共鸣的一句话。千万别小看这一句话，对很多品牌来讲，讲好这一句话是一件很困难的事情。能讲好这句话，就说明你真的已经想明白了你的品牌定位。

产品包装要足够"色"，即要做有情感的包装。"色"是佛家说的"色"，"色"与"空"相对。人有"五感"：形、声、闻、味、触。好的包装通常在五感的营造上有独特的地方。如果只从形的角度来看，初级的包装是外形不变（参考行业），设计一个超级图案。高级的包装是外形变化，出其不意，符合卖点，图形也变。

第二部曲：借势与造势。

内容营销的厉害之处就在于可以低成本获得更多的流量和话语权。

借势就是指，借有流量的人，借有流量的话题，借有流量的事件。

一个明星、一个网红、一个娱乐节目、一个社会热点话题、一个新闻事件等，都是流量的所在地，我们要想办法借上力。有些借力是需要花钱的，有些借力是不需要花钱的。

借势也可以分为"守正"和"出奇"，我重点讲一下"守正"。守正法就是利用现有的网红资源来刷流量。

网红群体组成了金字塔结构。处于金字塔顶端的就是拥有超过千万粉丝的人，处于腰部层级的是拥有几十万到几百万粉丝的人。处于底部层级的就是拥有几千到几万粉丝的人。一个成功的内容营销活动需要借助立体化的网红群体。

借助已有的网红流量是最快捷的内容营销方式。当然，网红输出的是图文、短视频、长视频或直播，其输出的内容需要根据其自身的粉丝特征，围绕我们已经拟出的 5～10 个卖点展开。万变不离其宗，产品卖点是宗，创意可万变。

造势就是指，通过自己的渠道来为品牌和产品创造流量，包括自建账号矩阵、自创品牌 IP、自推创始人 IP、造节运动、品牌联合营销等。在企业初创期，自己造势一般宜放到第二步。

第三部曲：由点到面逐步展开。

新消费品牌在开创之初，由于资源限制，一定要讲究以"点"带"面"的策略打法。这里的"点"有两层含义：集中攻破一个平台；寻找一个内容爆发点。

首先要选择一个平台，集中资源先打通它。比如，花西子在发展初期，主要借助某知名头部主播的流量资源，率先打通天猫平台；半亩花田首先打通抖音平台；完美日记首先在小红书平台上发力。

其次是测试出一个内容爆发点。也就是说，要去制作一条短视频、一条图文，或者开设一个直播间，制造一个热点事件等，要能测试出一个内容能否打动消费者，能否带来销售的高效转化。比如，美国最著名的一个 DTC 品牌，美元剃须俱乐部，花了 4 500 美元制作了一条很有趣的短视频，该视频在上线后的短短 48 个小时内就使该品牌获得了超过 1 万个订单。新消费品牌要想快速冷启动，内容出圈是一个最现实的方案。

爆发点是需要反复测试的，只推出一条视频或一个热点事件就收获爆款的概率很小。测试可以从不同的角度、不同的场景，针对不同的人群进行。一旦找到了这个爆发点，就围绕这个爆发点进行更多创意，并让更多网红来推广，从而由点到面，破局而出。企业在找到这个爆发点前，千万不要去展开营销。

11.7 建立内容营销部

在传统的企业概念中，产品研发部一般都是公司的首要部门，该部门员工收入最高。你的公司是不是也这样呢？然而，在新消费时代，产品从研发部"走"出来就完事了吗？不，还远远没有。如果你没有给你的产品穿上一套华丽的"内容"外衣，它就不能算是一个完整的产品。同时你还需要持续生产好的内容，并能将其有效地推广下去。新产品的"内容研发和推广"跟"实物研发"同样重要，也同样复杂。你需要建立一个"内容营销部"。

内容营销部的工作应该包含：内容的策划和制作、内容的发布以及"增长黑客"。

内容的策划和制作涉及内容题材的挖掘，以及图文、短视频、长视频、营销内容、硬性广告等内容的制作。

内容的发布涉及选择何种平台发布、发布策略以及如何管理合作方。

增长黑客是以数据驱动营销，以市场指导产品方向，利用产品或技术手段来实现自发增长的运营手段。增长黑客是互联网技术和营销技术的集合体。当前，已经有很多公司针对增长黑客设立了总监及以上职位，说明它具备非常重要的价值。

11.8 专题：抖音FACT内容营销矩阵策略

抖音提出的"FACT矩阵"是新消费品牌在营销实战中的新发展，它极大深化了"兴趣电商"的营销实践，我们可以视之为抖品牌的"FACT营销组合策略"。

1. FACT矩阵

FACT矩阵是抖音官方基于兴趣电商，针对抖品牌提出的基础性运营策略，包括抖品牌的四大支柱性策略。这四大策略相辅相成，构成了抖品牌在抖音系上开展营销的基础性策略。企业只有操作好了 FACT 营销策略，才能真正在抖音系中立足，成为一个坚实的品牌。

图 11-2 概括了 FACT 矩阵的四个核心。

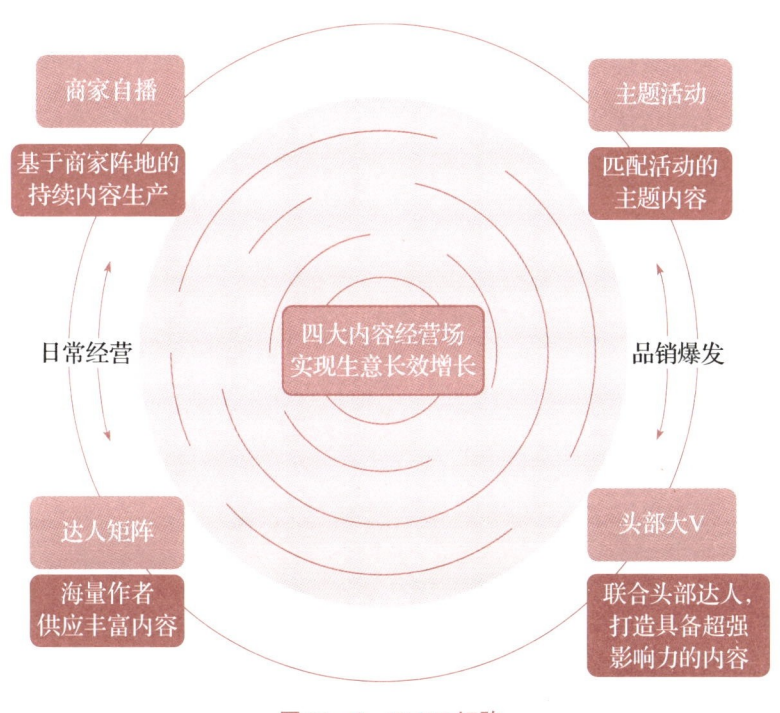

图 11-2　FACT 矩阵

商家自播——基于商家阵地的持续内容生产

主题活动——匹配活动的主题内容

四大内容经营场 实现生意长效增长

日常经营　品销爆发

达人矩阵——海量作者供应丰富内容

头部大V——联合头部达人，打造具备超强影响力的内容

（1）商家自播。即建立商家自主运营的短视频和直播营销矩阵。短视频可以"种草"、引流、转化以及打通货找人的消费链路，而直播则是促使流量高效转化的交易场。总之，商家自播是稳固销售基本盘的根基。

(2）达人矩阵。海量的达人能够创作出不同风格、不同主题的内容，同时他们还拥有大量粉丝，是商家快速拓展消费人群的法宝。达人矩阵可以覆盖不同的人群圈层，可帮助品牌实现人群破圈。

（3）主题活动。主题活动是指平台提供的各种主旨性活动，意在为商家提供借助平台资源开展相关品牌活动的机会，是商家借助平台资源实现销量爆发式增长的引擎。商家可以通过匹配品牌宣发、新品发布、大促等不同经营目标，借助平台资源实现快速成长。

（4）头部大 V。头部大 V 主要包括明星以及头部电商达人。与大 V 合作是品牌实现知名度快速提升并引爆销量的重要方式。明星与头部电商达人拥有庞大的粉丝群体以及强大的社会影响力。通过匹配适合品牌调性和目标人群画像的明星与头部电商达人，商家可以实现品牌宣传和销量的"双引爆"。

2. FACT 矩阵的营销学意义

抖音兴趣电商的营销属性本质上是"内容营销"和"流量营销"的结合体。

内容营销方式要求企业不断地去创造用户喜闻乐见、丰富多彩的内容，多维度地触达用户并影响用户，从而让用户产生兴趣、保持兴趣和传递兴趣。FACT 矩阵的四类参与者，无疑都是内容的生产者，他们可从不同层面和不同角度生产出企业自身难以全部完成的多内容输出。

同时，FACT 矩阵也是流量的载体。抖音每天超过 6 亿的用户流量散布于各个抖音号上。其中"头部大 V"和"主题活动"能给品牌带来集中式和爆发式的流量增长，而"商家自播"和"达人矩阵"则能起到细水长流的作用。从点到面，从稳速增长到爆发增效，FACT 矩阵能为抖品牌的流量经济做长久的和系统性的支撑。

总之，FACT 矩阵是适用于兴趣电商平台的推广策略组合。它区别于传统营销的推广组合，具有革命性意义，值得深入探讨。

11.9 专题：AIGC 将如何改变营销

AIGC，全名为"AI generated content"，又称生成式 AI，意为人工智能生成内容，是一种通用的人工智能模型，可以应用于多种不同的领域，如自然语言处理、计算机视觉、智能推荐等。AI 文本续写、文字转图像的 AI 图、AI 主持人等，都属于 AIGC 的应用。

随着 ChatGPT4.0 火爆全球，AIGC 概念成为热点，甚至被称为"第四次工业革命"。2023 年 3 月 29 日，中国首届 AIGC 产业峰会在北京举行。大会发布了中国首份 AIGC 产业全景报告，该报告预计：2023 年中国 AIGC 的市场规模可达 170 亿元，2030 年市场规模将超万亿元，届时将出现完全不同的新业态。

正是由于 AIGC 技术巨大的应用前景，AIGC 将在营销领域大放异彩，深刻改变营销理念和营销技术的方方面面。我尝试着进行一些预测，AIGC 可能会在以下六个方面带来巨大的变化。

（1）AIGC 将会改变行业研究方法。集合了大数据的优势，AIGC 将能更好地分析行业数据，帮助企业监测竞争对手，提供行业内的针对性信息。

（2）AIGC 将会帮助企业更精准地定义产品概念和用户群体。随着技术的不断升级，AIGC 将会越来越了解用户的消费趋势、习惯、价值观等，从而帮助企业定义产品概念，甚至还能帮企业开发和设计出产品。

（3）AIGC 将会帮助企业分析定价策略。AIGC 将会帮助企业在综合分析本企业产品成本、竞品成本和价格的基础上，进行定价与利润的多元化分析，从而优选更好的定价策略。

（4）AIGC 将会帮助企业制定营销和广告内容。AIGC 技术在文本、图片、视频、直播等内容素材的高效和快速生成上具有超强的优势。它可以在极短的时间内，根据企业提出的需求或通过自动学习，高效生成所需要的内容文件。现在的 AIGC 工具还相对初级，业务整合流程还没有打通，但随着 AIGC 技术的持续升级，未来企业的营销内容很可能会一键生成，内容营销活动很可能实现自动化运营。而未来的广告公司将很可能会变成 AI 技术整合管理公司，只需要很少的人工干预就能完成全套广告服务业务。

（5）AIGC将会帮助企业与用户一对一沟通，便于企业深度建立用户关系。AIGC可以通过模仿企业的人设与用户进行24小时不间断对话，训练好的AI机器人将能成为用户的好朋友。

（6）AIGC将能帮助企业进行营销管理。比如，营销数据管理、营销人员管理、营销策略建议管理、营销总结报告管理等。AIGC像一个集合了全球顶级营销经验的管理顾问，能在你遇到每一个问题时给你提供一个相对靠谱的建议。

随着AIGC技术的不断迭代和各种AIGC工具的整合，上面总结的六个方面的改变有可能在未来的5～10年内完全实现。有了AIGC技术的加持，未来的营销将会有翻天覆地的变化。那未来营销工作是变得更容易了，还是更难了？现在还不好说。也许未来的一些品牌将会推出"完全由AI设计"的品牌理念，而这与现在的"手工制作"有异曲同工之处。但是无论如何，我们现在就应该拥抱AIGC。

| 第十二章 |

顾客忠诚度管理

　　生产与销售不是市场营销过程的最终目标,它是建立和管理顾客关系的开始,其最终目标是建立一个忠诚的顾客基础。获取一个新顾客的成本往往比维护一个老顾客的成本要高出很多倍,因此管理和提升顾客的忠诚度是品牌管理的长期任务之一。本章将探讨建设顾客忠诚度的方法等重要话题。

品牌故事

认养一头牛——一家替用户养奶牛的公司

认养一头牛是一家集奶牛养殖、牧草种植、旅游观光、饲料加工和乳制品加工与销售于一体的乳业全产业链公司。2016年，公司推出了自有品牌"认养一头牛"；2019年认养一头牛实现整体销售额5亿元；2020年"双11"，认养一头牛成为天猫首个销售额破亿元的乳品店铺，位列天猫旗舰店榜首。成立六年，认养一头牛的年销售额已突破20亿元，成为中国新消费品牌中的明星品牌之一。

除了自建奶牛养殖场，提供高标准的奶源，认养一头牛在模式上也进行了创新，即采用"用户认养"模式，它提出的口号是："一家替用户养奶牛的公司"。认养一头牛让用户成为奶牛的主人或牧场主人，此时，用户买到的不再是牛奶产品，而是一种尊贵的体验和服务。它把用户深度捆绑在企业自己身上，创造了一条与众不同的营销之路。

认养一头牛的认养模式主要有三种。

第一种是云认养，类似云撸猫、云养狗。用户可通过淘宝小程序或微信小程序上的游戏云养牛，可以观看牧场的动态以及直播。

第二种是联名认养。认养一头牛联合吴晓波频道、敦煌IP等推出IP联名卡，用户可以通过购买季卡、半年卡、年卡等获得联名认养权，享受定期新鲜产品直送到家服务以及主题型会员定制权益。

第三种是实名认养，也就是成为真正的养牛合伙人。这要求用户提前 1 年在专供牧场预订牛奶，最高等级的会员还能给奶牛取名字。认养一头牛会定期向会员提供奶牛的照片和反馈各项生长数据。

为了让认养模式有效落地，认养一头牛还特地打造透明化牧场。用户不仅能 24 小时看到牧场的直播，还可以带上家人来到牧场参加奶牛认养、亲子游等活动，甚至可以通过数字化、智能化的技术手段，真正享受看得见的饲养、看得见的生产、看得见的配送等。

认养一头牛通过包月、包季、包年的销售模式，提前锁定了用户的长期消费价值。就算这时蒙牛、伊利就在楼下摆摊，它们也不容易抢到这个用户了。

另外，为了吸引更多的人加入认养模式中，认养一头牛还采用了类似微商的分销模式，招募分销员，还打出"分享家""养牛合伙人"的概念。

"分享家"是 2018 年提出的。这些分销员可以帮助认养一头牛卖牛奶、拉好友办 VIP，从而获取若干比例的提成。

"养牛合伙人"分为三个层级。

第一个层级是"养牛红人"，需要购买指定的商品。养牛红人可以获得 5% 的销售佣金和 3% 的邀请奖励。

第二个层级是"养牛达人",需要购买 2 000 元以上的产品。养牛达人可以获得 7% 的销售佣金和 5% 的邀请奖励。

第三个层级是"养牛合伙人",需要购买 5 000 元以上的产品。养牛合伙人可以获得 10% 的销售佣金和 7% 的邀请奖励。

通过把用户变成奶牛的主人以及把用户变成分销员,认养一头牛进一步锁定了用户的长期消费能力,也实现了与用户的共创。尽管这种销售模式很早就出现在其他行业,但是在牛奶行业,认养一头牛却将它做到了首屈一指,确立了自己的领导地位。

12.1 顾客忠诚度

生产与销售不是市场营销过程的最终目标,它是建立和管理顾客关系的开始,最终目的是建立一个忠诚的顾客基础。有统计数据显示,当企业所能挽留的顾客比例增加 5% 时,获利便可提升 25%～100%。许多营销学者更是直接表示,忠诚的顾客将是企业竞争优势的主要来源。由此可见,有忠诚度的顾客对企业是非常重要的。

我们还可从另外的角度来理解顾客忠诚度模型。如果你有 10 万个忠诚顾客,每个顾客年均消费 300～500 元,那你一年的销售额就有 3 000 万～5 000 万元;如果你有 100 万个忠诚顾客,你一年的销售额就有 3 亿～5 亿元;而如果你有 1 000 万个忠诚顾客，你一年的销售额就将达到30亿～50亿元。对大多数新消费品牌来讲，拥有1 000万个忠诚顾客也许并不容易做到，但是在今天的营销技术手段下，拥有几万个乃至几十万个忠诚顾客也许并不难。因此，把一部分营销资源投入品牌忠诚度管理计划中，是一种明智的选择。

顾客忠诚度指顾客的忠诚程度，是一个量化概念。顾客忠诚度是指由于质量、价格、服务等诸多因素的影响，顾客对某一企业的产品或服务产生感情，形成偏爱并长期重复购买该企业产品或服务的程度。即使受环境影响或有其他竞品的争夺，有忠诚度的顾客也难以产生购买竞品的行为。

顾客忠诚度是一个表示不同强度水平的连续体概念。忠诚度的范围包括顾客从满意公司的产品或服务到作为顾客传播并推荐公司的产品或服务，并觉得自己对产品和服务的成功也负有责任。

顾客满意是提升顾客忠诚度的关键。

满意是一个人将对产品和服务的感知结果与期望进行比较后而产生的愉悦的感觉。如果结果没有达到预期，顾客就会感到不满意；如果符合预期，顾客就会满意；如果超出预期，顾客就会高度满意和非常愉悦。

顾客的期望是如何形成的呢？期望一般来自过去的购物经验、朋友和同事的建议、公开信息和讲话，以及营销者和竞争者的信息承诺等。公司把产品期望值设得越高，顾客就越可能失望。但如果期望值设得过低，就不能吸引足够多的顾客。

顾客满意度主要来源于产品和服务的质量。质量是指产品或服务为满足已经表明的或隐含的顾客需求所具备的产品功能和特征的总和，是"适用""符合要求""表现稳定"的结合体。更高的质量水平有利于创造更高的顾客满意度，而顾客满意度也会支持更高的价格水平。产品相对质量的高低与公司的盈利能力存在正相关关系。

另外，需要注意的是，公司在追求顾客满意度的过程中也需要保持一种平衡。比如，通过降低价格或增加服务可以获得更高的顾客满意度，但是也会导致公司盈利能力下降。再比如，公司通常也需要同时提高利益相关者的满意度，比如供应链、经销商、服务商等。对顾客满意度投入过多资源也可能会降低这些利益相关者的满意度，导致整体效率的下降。

12.2 如何提升顾客忠诚度

提升顾客忠诚度的有效策略有四个，分别是：建立品牌社区，提升顾客参与感，与顾客共创品牌；检核与顾客的接触点，提升关键接触点的质量；开展顾客忠诚计划，奖励不同层级的顾客群体；管理好顾客口碑。下面将分别探讨这四种策略。

1. 建立品牌社区，提升顾客参与感，与顾客共创品牌

提升顾客参与感是互联网时代品牌与顾客建立深度关系的法

宝。构建顾客参与感就是企业与顾客共创品牌的过程。最早系统提出顾客参与感的是小米公司,它的联合创始人黎万强写的畅销书《参与感——小米口碑营销内部手册》比较详细地介绍了小米公司对顾客参与感的深度思考。我们选取一些内容略做说明。

小米公司认为,构建顾客参与感就是把做产品、做服务、做销售的过程开放,让顾客参与进来,建立一个可触碰、可拥有、和顾客共同成长的品牌。小米公司总结了构建顾客参与感的三个战略和三个战术,并称为"参与感的三三法则"。

三个战略是指:做爆品,做粉丝,做自媒体。

三个战术是指:开放参与节点,设计互动方式,扩散口碑事件。

做爆品是产品战略。企业在产品规划阶段要有魄力只做一款产品。产品不聚焦则难以形成规模效应,资源太分散会导致顾客参与感难以构建。

做粉丝是顾客战略。顾客参与感构建的背后是信任背书,是弱顾客关系向具备更高信任度的强顾客关系进化。粉丝文化下,企业首先应让员工成为品牌的粉丝;其次要让顾客获益,功能、信息共享是最初步的利益激励,所以我们常说"吐槽也是一种参与";最后是企业自己也要获得荣誉和利益。只有让企业和顾客双方获益的参与感才可持续。

做自媒体是内容战略。互联网的去中心化已经弱化了权威的影响,也减轻了信息不对称的程度。做自媒体旨在让企业自己成为互联网的信息节点，让信息流速更快，让信息传播结构扁平化，让内部组织结构扁平化，鼓励与引导每个员工和每个顾客成为产品的代言人。做内容运营要遵循"有情感和互动"的思路，只发有用的信息，避免信息过载，每条信息要有个性化的情感输出，要引导顾客一步一步地参与互动，分享和扩散信息。

"开放参与节点"即把做产品、做服务、做品牌、做销售的过程开放，筛选出让企业和顾客双方获益的节点，双方都获益的参与才可持续。开放的节点应该是基于功能的需求，越是刚需，参与的人越多。

"设计互动方式"即根据开放的节点进行相应设计，建议应遵循"简单、实用、有趣和真实"的设计思路。

"扩散口碑事件"即先筛选出第一批最认同产品的人，小范围发酵参与感，把基于互动产生的内容做成话题和可传播的事件，让口碑裂变，影响十万人、百万人及更多的人参与，同时也放大已参与顾客的成就感，让参与感形成螺旋扩散的风暴效应。

扩散的途径一般有两种：一是企业在开放的产品内部植入鼓励顾客分享的机制；二是企业从和顾客互动的过程中发现话题，进而围绕话题做深度事件传播。

增强顾客参与感的互动平台一般有以下几种：

（1）自建品牌社区。对拥有大型网站或自有App的品牌来讲，可以单独设立品牌互动专区，比如华为和小米等手机品牌均在其手机 App 上建立了内容丰富的品牌社区，并在社区平台上开设了很多栏目，从各个方面设定与顾客的沟通渠道。

（2）利用公域平台。充分借助第三方的内容和社交平台，如微博、抖音、快手、小红书等公域媒介平台，建立品牌官方账号和高管账号，与顾客保持经常性的互动和沟通。比如，小米公司就要求所有高管都开通微博账号，每天都发布互动信息。

（3）利用私域平台。充分利用以微信为媒介的私域平台，建立以个人账号为基础的账号矩阵体系，跟顾客交朋友。私域将是提升顾客参与感、顾客忠诚度的最强大阵地。

2. 检核与顾客的接触点，提升关键接触点的质量

与顾客的接触点被称为"MOT"。MOT 是 moment of truths 的首字母缩写，即真实瞬间，是指顾客在与企业接触的过程中对品牌、服务和产品产生强烈感知的时刻。如果企业能在每一个跟顾客接触的关键点上，都能做到超越顾客的预期体验，那顾客的忠诚度自然就能很好地建立起来。

那我们该如何识别关键接触点呢？

对于线下品牌或零售连锁品牌，我们可以采用一种"客户旅程地图"的工具来进行接触点的评估。客户旅程地图是指我们通过记录与客户交往的全过程，进而提炼出关键接触点。科特勒咨询集团中国区总裁曹虎及中国区合伙人王赛在其《什么是营销》一书中，列举了星巴克的客户旅程地图（见图12-1），我们可以参考其分析原理。

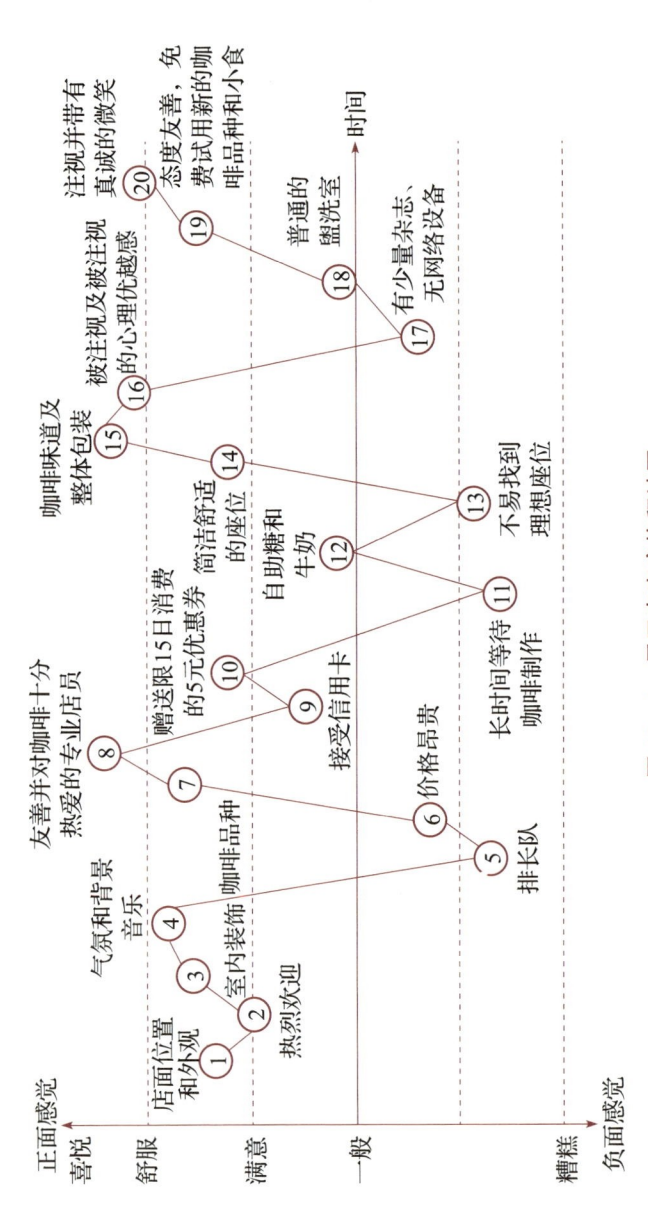

图 12－1 星巴克客户旅程地图

客户进入星巴克咖啡店时，首先看到的是店面的位置和外观，进门后会观察店内的装修风格，然后排队点餐、取咖啡，接着找座位落座喝咖啡，最后离开。

我们按照时间顺序绘制一幅客户旅程地图。首先必须梳理出旅程地图的关键节点——进入咖啡店、观察店内环境、排队买咖啡、找座位坐下喝咖啡、离开，然后进行评估。我们可以询问客户在每个接触点的体验得分，将其制成量表，最后把这些样本进行归总。这样我们就能大致了解目标客户在哪些环节上满意，在哪些环节上不满意，即他们在接触点上的真实体验是超出预期，还是符合预期，抑或是低于预期。

这幅图还可以延展。因为星巴克和客户的接触除了在店内，还可以在店外。比如，广告位在什么地方，广告在线上的什么场景中出现，植入哪个电视节目，等等。市场营销部门应先找出这些接触点，再和客户部门、产品部门、运营部门等进行系统的建构，从而让以客户为中心的系统最终落地。

在进行线上营销时，采用"增长黑客"的方式对用户的MOT时刻进行识别与管理会更加具体化和精细化。

"增长黑客"这一概念最早由Qualaroo的创始人肖恩·埃利斯于2010年提出。它最初的定义是指"一群以数据驱动营销，以市场指导产品方向，通过技术化手段贯彻增长目标的人"。简单来讲，就是通过仔细检核品牌在互联网上与顾客接触的每一个环节，通过不断改进诸如接触流程、视觉效果、场景编排甚至文案等，不断提升顾客的转化效率。顾客在互联网上的任何行为都会被记录在案，营销者更容易考察顾客在每一个接触点上的行为，并根据每一个接触点上的转化数据，更有针对性地调整和优化营销方法。

3. 开展顾客忠诚计划，奖励不同层级的顾客群体

忠诚计划是公司设计的一种促销激励措施，它鼓励顾客继续照顾公司的生意，并在某些情况下，能提高顾客在公司购买产品或服务的频率和数量。忠诚计划旨在奖励那些经常购买和大量购买的顾客。它可以帮助高价值顾客建立长期的顾客忠诚度，并在这一过程中创造交叉销售的机会。

常用的奖励方式有以下几种。

（1）会员制。顾客消费了一定数额后，将成为品牌的会员。会员也分级别，不同级别的会员享受不同的折扣或其他福利待遇。

（2）多买多享折扣。在价格体系的制定上，就要考虑到多买多优惠。另外，还可以考虑制定针对某一时期的优惠措施等。

（3）鼓励顾客参与产品共创。比如有很多企业都邀请老顾客作为新品体验官，优先参与新产品测试。

（4）鼓励顾客参与企业活动。企业可以推出线上或线下活动，老顾客可以优先参与或专属参与。

（5）设计顾客分销体系，让顾客成为你的推销员。如"认养一头牛"的操作方式。

4. 管理好顾客口碑

顾客对商品的评价已经越来越重要。尤其对新消费品牌来讲，早期顾客的评价将决定品牌的生死。

顾客的评价既来源于与商品有关的连接，还来源于社交媒体和新闻媒体等。企业要建立一套维护顾客口碑的监控体系和组织体系。大多数时候，有意识地引导顾客评论、建立良好的口碑，是新品牌成功的关键操作之一。

12.3　如何评估顾客满意度和忠诚度

我们在前面的文章中已经讲述过，顾客满意度是顾客忠诚度的基础，因此企业要经常评估自己的顾客满意度处于什么位置。

评估顾客满意度最简单的方法是净推荐值法，即向顾客提问"你有多大可能性向你的朋友或同事推荐这个产品或服务"，顾客在 1～10 分的表格中作答。企业从"推荐者"（打分在 9～10 分）的比例数中减去"诋毁者"（打分在 0～6 分）的比例数，就得到净推荐值。给品牌打 7～8 分的顾客被视为被动满意者，其分数不计入统计。净推荐值在 10%～30%，可视为及格。世界级的品牌其得分可能会超过 50%。有很多美国的大公司都使用这一简易方法来评估顾客满意度，如微软、戴尔、美国运通等。

还有把顾客满意度和忠诚度结合在一起来评判的模型，即

《哈佛商业评论》提出的"使徒模型"(见图 12-2)。

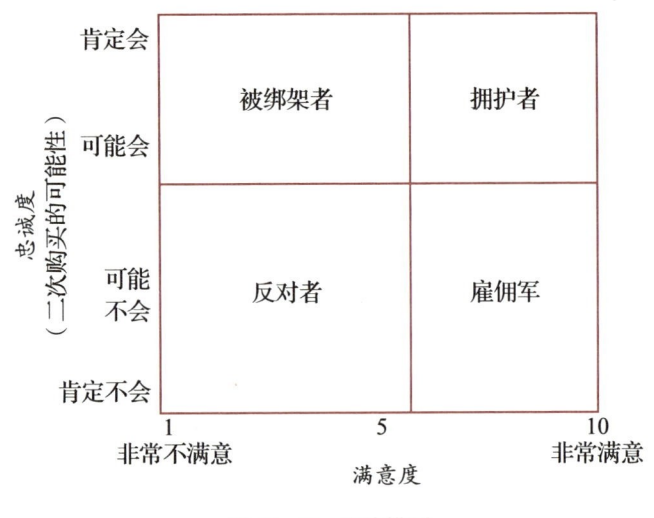

```
忠诚度（二次购买的可能性）

肯定会  ┌─────────────┬─────────────┐
        │             │             │
        │   被绑架者   │    拥护者    │
可能会  │             │             │
        ├─────────────┼─────────────┤
可能    │             │             │
不会    │    反对者    │    雇佣军    │
        │             │             │
肯定不会└─────────────┴─────────────┘
        1             5            10
    非常不满意                  非常满意
                满意度
```

图 12-2　使徒模型

在这一模型中，横轴表示满意度的强弱，分值在 1～10；纵轴表示忠诚度的强弱，分为"肯定会""可能会""可能不会""肯定不会"。按照这一评判方法，我们可以将顾客划分为四种，分别是"拥护者""被绑架者""雇佣军""反对者"。

"拥护者"是指满意度很高，二次购买的可能性也很高的顾客。

"被绑架者"是指满意度不高，但也可能二次购买的顾客。比如，这种情况很可能是因为你的产品处于垄断地位；或因为促销价格降低了；或因为更换产品需要承担更大的风险，如时间风险、空间风险或经济风险等。

"雇佣军"是指满意度很高，但不一定是产品的实际购买者的顾客。比如，你的朋友可能会给你推荐某款车，但他自己却不一定购买。

"反对者"是指"流失顾客"，其满意度和忠诚度都很低。

针对不同类型顾客的变化情况，你可以判断顾客忠诚度的变化。

12.4 管理顾客终身价值

一个顾客的长期价值或终身价值有可能很高。即使是一个价格仅有几十元的产品，如果顾客多次购买或长期购买，该产品就有可能为企业带来数万元或是数十万元的收益。因此，从某种程度上讲，营销的过程就是一个管理顾客终身价值的过程。

公司需要关注如何有效地从顾客和潜在顾客身上创造长期价值。占公司销售额最大比例的顾客希望得到较低的价格和更好的服务，但这些顾客并非总能为公司带来最多的利润；占公司销售额最小比例的顾客支付全价，得到最少的服务，但平摊下来公司的成本和收益可能并不均衡。我们要对顾客进行分层管理，找到那些能带来最高利润的群体，并长期经营。

测量顾客终身价值通常是根据某个顾客终身购买某产品或服务的预期总利润的净现值来计算的。具体计算方法是将公司预期收入减去预期成本，再用相应的贴现率（例如10%～20%，其大小取决于资金成本和公司对风险的态度）计算净现值。

顾客终身价值为企业的顾客投资计划提供了一个量化分析框架，有助于企业采用长期视角。国外的营销学者提出了很多不同的方法来建模和估计顾客终身价值。这些方法中常见的因子包括某个顾客产生的收入、获取和服务该顾客的成本、顾客在未来重复购买的概率、顾客作为公司顾客的可能期限，以及贴现率（公司的资金成本）。

使用顾客终身价值概念的企业还必须考虑有助于提高顾客忠诚度的短期品牌建设 / 营销活动。在测量顾客终身价值时，企业不仅要考虑每个顾客可能直接为企业创造的货币价值，还要考虑该顾客通过为企业及产品背书而创造的战略价值。事实上，顾客对公司的价值部分取决于他们是否有能力和可能进行推荐，并参与正面的口碑传播。与从顾客那里获得正面口碑一样有用的是，可以让顾客直接融入公司，让他们提供反馈和建议，以进一步提升顾客的忠诚度及企业的销售额。

第四部分

管理品牌增长

品牌增长是用户数量增长和用户忠诚度提升的结果。品牌增长是一个分阶段的过程，从 0 到 10 亿元需要不同的营销组合策略。

第十三章

产品生命周期策略

一个产品（或产品线组合）如同一个生命体，也会有萌芽、生长、衰老和死亡的周期性规律。认识产品生命周期，合理评估预期和采取适当的应对策略，是品牌平稳运营的必要手段。本章将重点讨论产品在各生命周期中的营销组合策略。

> **品牌故事**

李宁——抓住国潮风，焕发新生机

李宁运动品牌，是中国"体操王子"李宁在 1990 年创立的专业体育品牌。李宁公司的产品包括了专业及休闲运动鞋、服装和器材及配件等，李宁公司已在中国建立了庞大的零售分销网络和供应链管理体系，并持续加码电商阵地、构建电商生态。李宁公司于 2004 年 6 月在香港上市（股票编号：02331.HK）。截至 2022 年 12 月，李宁公司的市值突破 1 500 亿港元。

纵观李宁品牌 30 多年的发展史，它也有过辉煌的崛起和落寞的低潮。曾经有一段时间，李宁面临产品设计落后、库存严重、品牌定位模糊一系列问题，一度有即将要倒闭的传闻。但是李宁公司抓住了近些年国潮风的兴起，集中力量推进李宁品牌的年轻化改造，使李宁品牌重新焕发了生机。

李宁品牌发展的第一次机遇就是 1990 年在北京举办的第十一届亚运会。李宁品牌成为亚运会圣火传递指定服装、中国代表队领奖服装和中外记者的指定服装。借此机会，李宁品牌一鸣惊人，成为运动服饰领域的民族品牌代表。但在随后的近十年时间内，李宁虽有发展，但发展得都不快，公众关注也渐失兴趣。彼时，中国的市场上阿迪达斯、耐克、锐步等国际知名品牌正大行其道。

2002—2008 年，李宁确立了自己的品牌定位"一切皆有可能"，由此重塑了公司的使命、愿景和价值观，并调整了业务发展战略。这些措施推动李宁品牌进入了一段高速增长期。2002 年李宁公司的营业总收入仅为 9.58 亿元，增长率为 30.35%。而到了 2008 年，李宁借助北京奥运会的契机，当年营业总收入达到了 66.9 亿元，国内市场占有率一度超越了阿迪达斯，在当年成为全国第二。

2008—2013 年，是李宁品牌遭遇重大挫折的一段时期。在 2008 年北京奥运会过后，运动鞋服市场的规模增速下降，市场遇冷。李宁为抓住更加年轻的新用户、提振市场销售，重新推出了新的品牌口号"made the change"（让改变发生），以此取代了消费者早已熟知的"一切皆有可能"的品牌口号，并把自己定义为"90 后李宁"，试图强行进行品牌的年轻化改造。但事与愿违的是，"90 后"欣赏的是阿迪达斯和耐克，而原有的核心用户"70 后"因为李宁品牌的重新定位而更加动摇了自己的选择，李宁由此经历了一段痛苦的时期。尽管李宁也签约了各类体育明星、五支"金牌梦之队"和 CBA 等，一定程度上提升了品牌知名度和品牌形象，但其品牌转型跨度太大、定位模糊、粗放营销，导致发展受阻，销售额由 2009 年的 83.7 亿元下降到 2012 年的 66.8 亿元，并开始出现了连年亏损。与此同时，其他国产品牌如安踏、特步、361° 等却纷纷崛起。

2015 年，李宁重新回归"一切皆有可能"的经典品牌口号。

同时，企业发展战略也发生了深刻变革，李宁由传统装备提供商转型为"互联网＋运动生活服务提供商"，通过采取"单品牌、多品类"的营销战略，定位不同消费市场，通过自创品牌、收购或获得特许经营权的方式，形成较为完善的多元品牌组合。李宁的销售重回高速增长的正轨，营业总收入由 2014 年的 60.5 亿元恢复增长到 2021 年的 225.7 亿元。

在这一过程中，李宁的品牌形象也在发生深刻的变革，标志性事件发生在 2018 年的纽约国际时装周上。2018 年 2 月，"中国李宁"以"悟道"为主题首次亮相纽约国际时装周，成为首个亮相国际时装周的中国体育运动品牌。在秀场上"中国李宁"将飞天壁画与现代时尚潮流结合，并还原中国品牌在体育运动史上的第一套领奖服，展现了运动员精神。李宁凭借国潮风设计元素而大放异彩，成为国际焦点。李宁品牌乘胜追击，又推出了一系列"中国李宁"品牌的产品，把中国元素更多融入产品设计中，抓住了中国年轻群体"国潮风"消费的热潮，促进了李宁在年轻化品牌定位上的成功转型。

13.1 经典的产品生命周期模型

一个标准的产品生命周期模型包括五个阶段，分别是：萌芽期、成长期、扩张期、成熟期、衰退期（见图 13－1）。

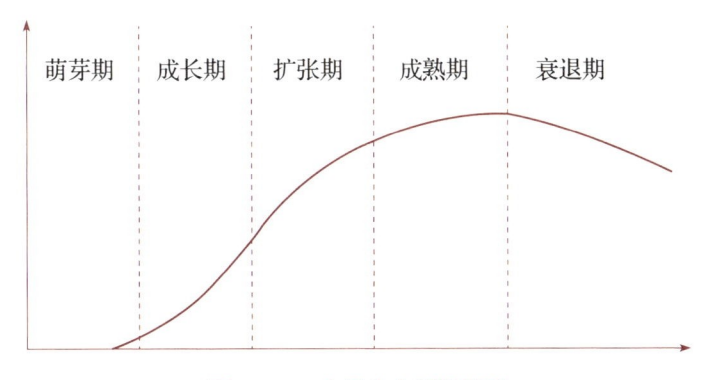

图 13-1　产品生命周期模型

（1）萌芽期。萌芽期的主要任务是测试新产品的市场接受度。新品牌的新产品刚刚进入市场时，我们需要采取最小可行性产品（MVP）的方式进行验证。新产品的概念提炼、用户群体、渠道、价格、推广方式等信息都处于摸索阶段。产品可能还需要根据用户的反馈进行多次改进。产品在萌芽期的主要任务是获得"产品验证"、"内容验证"和"成长性验证"。

（2）成长期。萌芽期的三个基本假设得到验证后，品牌会加大各方面的投入，产品销售进入快车道。产品在这个阶段的重点任务是扩大消费人群，寻找更强大的流量入口。品牌要坚定不移地执行萌芽期的三个基本假设，迅速放大执行效果，创造短期内十倍速增长的局面。

（3）扩张期。在扩张期要瞄准行业最优品牌，持挑战者姿态，进一步补足短板，拉长自己的长板，开始大力构建并巩固品牌的护城河，以自己的强项向行业领导品牌发起进攻。通过深化产品线、不断降低成本、扩大销售渠道、开展更加多样化的推广，使更大的消费群体对产品形成认知。这个阶段的重点任务是打造品牌。

（4）成熟期。在该阶段，品牌可能已经成为某个细分领域的领导者之一，此时它面临两个主要任务：一是继续稳固并强化已经建立起的品牌定位属性，向全渠道多营销模式深化；二是要主动迎接竞争者的挑战，要修筑自己的防护墙。

（5）衰退期。当行业需求下降时，品牌开始进入衰退期。在这里，要认清"产品品牌"和"企业品牌"的界限。如果产品是因为受到新技术产品的替代，比如胶卷行业在被数码摄影行业替代时，企业要拯救的是企业品牌。企业可以进入新的产品领域，启用新的产品品牌，而对于老品牌可以舍弃不用，或尽量榨干它最后的剩余价值，不宜采用旧品牌来延伸新品类。

在经典的产品生命周期模型之外还有三种典型模型。

一是产品消失在萌芽期。这种情况主要是因为产品本身可能是伪需求和假需求。用户的接受度很低，基本没有复购。这类模型非常常见，也可能是大部分品牌的宿命。

二是产品消失在成长期或扩张期。发生这种情况可能是因为企业各方面的资源没有跟上，产品受到竞争对手的强攻，被竞争对手绞杀而死亡。建立自己的护城河是关键，就是自己要有一项竞争力指标是对手难以超越的，并能迅速补足自己的短板。比如，资金、团队、渠道等，都不能有短板。

三是品牌在衰退期继续得到成长。能经历很多经济周期的品牌都有这个能力，这也是品牌成长的最高境界。比如百年来可口可乐公司销售的碳酸饮料尽管也有波折，但总体上是平稳增长的。这就需要企业与时俱进，不断深化产品线和不断丰富产品品类。强相关的产品线可以采用同一品牌，弱相关的产品线宜采用新的品牌。这样不断地推陈出新，品牌才能生生不息。

13.2　萌芽期的营销策略

1. 产品在萌芽期的主要特征

在这个阶段产品就类似于一颗种子，还在土里，一切还处于未知之中，我们可能会感知到外界的一些有利因素。

处于萌芽期的产品有如下主要特征：

（1）企业各方面的资源不足，因而企业必须将资源集中在一个产品的核心创新点上，并争取取得突破。

（2）初期产品成本较高，供应链也需要完善。

（3）产品需求还未得到市场检验，用户还不知道你是谁，为什么买你。

（4）产品的渠道和推广概念还需要摸索。

处于萌芽期的产品需要采取 MVP 方法，要用最小的成本、最快的速度，测试出新产品是否有可继续投资的价值。萌芽期一般会持续 12～18 个月。

2. 产品在萌芽期需要明确的核心问题

（1）用户是否有真实的需求？

需要知道：产品的用户是谁？他们是否有真实的需求？

判断用户是否有真实的需求的标准就是复购率。根据不同行业的特点，如果是快消品，复购率达到 20% 以上算是合格的产品。在萌芽期，我们衡量复购率可以按照产品自然消耗时间的 3～5 个周期来评估用户的复购情况。比如一盒茶叶的正常消耗周期如果是半个月，那就看用户在首次购买的 2～3 个月内的复购情况。复购分为一次复购、二次复购等，可以分别来查验。

如果产品的复购率比较低，尽管可以通过更多的流量广告带来更多的销售收入，但也不建议继续推广。这是一种虚假繁荣，用户本身如果没有强需求，增大投入到头来可能得不偿失，损失会更大。

（2）最佳的产品营销概念是什么？

内容营销是新消费品牌市场运营的核心策略。产品的竞争优势如何转化为消费者可以接受的营销概念，是一个重要问题，千万不能忽视。

产品营销概念的测试，就是围绕产品卖点，设计能与消费者沟通的广告语（话术组合）。新消费品牌应该同时筛选出 5～10 条创意导向的广告语（话术组合），进行 A/B 测试。借助现在的内容平台如抖音、小红书等可以方便快速地进行效果测试。我们在萌芽期的关键任务之一就是确定我们的主导广告语系。

（3）销售增长的最强动力点在哪里？

我们建议新消费品牌在初期时，最好能借助 KOL 的流量进行推广。而哪种类型的 KOL 群体能够最有效地推广产品，这跟 KOL 自身对产品的理解和配合度以及他的粉丝群有强相关性。我们可以首先从趣缘圈着手，找到属于自己的种子趣缘圈，获得一批能够助力产品推广的最优 KOL 推手。这些推手就是我们销售增长的最强动力点。新消费品牌应总结他们的共性，以便锁定种子用户，并在下一步继续强化销售推动力，以奠定产品销售的坚实基础。

3. 产品在萌芽期的营销策略

（1）构建一个最小化的营销矩阵。以抖音、小红书和淘宝三个开放平台以及微信私域这四个基础平台为核心，构建最小化的营销矩阵。

（2）采用试用装产品策略，降低用户进入门槛。试用装可以有效解决用户首次购买的问题。要用更小的包装、更低的价格，让用户试用。

（3）构筑 KOL 营销矩阵。以构筑立体的 KOL 营销矩阵为主，以自主推广为辅。处于萌芽期的产品其机会就在于如何快速获得流量来试错。KOL 是高效的推广群体。当然，自主内容平台也需要同步建立，要推出能代表产品定位的精品广告。

（4）用户共建。可以在产品推出之初，就发起用户参与产品品鉴的活动，以及时获得用户反馈，进行产品改进。

4. 产品在萌芽期的运营原则

（1）认知成果第一，销售成果第二。如上所述，萌芽期最主要的任务是探知产品的核心用户群是谁，产品的主要使用场景是什么，用户画像该怎么画，用户的复购率如何，最佳的沟通语境是什么，以及最佳的推广渠道是什么。对这些如果还没有一个清晰的认知，就不要盲目地去追求销售成果。否则，很可能会出现流量经济掩盖真实需求的情况，而这很可能是一个巨大的陷阱。

（2）尽量降低固定成本，宁可承受较高的变动成本。萌芽期的产品各方面都处于试错阶段，有可能需要进行调整和优化。所以，我们不宜为新产品投入太多的固定成本，如果有外力协助，如生产外包、人员外包等，就最好不要使用内力，尽管使用外力成本可能增加，但在试错期，增加变动成本更便于我们灵活掉头。

13.3 成长期的营销策略

当你感觉新产品正被用户和渠道追着跑的时候，那恭喜你，你的产品已经进入成长期。你需要快马加鞭，在未来的一段时间内，尽快达到十倍速的增长。

1. 产品在成长期的主要特征

处于成长期的产品，已经证明了产品的有效性；你与用户沟通的语系已经建立；你已经找到了最有效的增长推手。

（1）处于成长期的产品销量将激增。

（2）供应链将面临显著挑战。供应链的反馈速度、对生产成本和产品质量的控制、售前售后服务等面临的挑战将显著升级。

（3）组织与人力资源上可能会捉襟见肘。各项工作的分工需要更加细化，组织架构需要完善，迫切需要招到更多合适的人。

2. 产品在成长期需要明确的核心问题

（1）产品供应链问题。随着销售的激增，你的供应链能否及时满足市场需求将是一个大问题。从小批量采购到大批量采购，你的供应链是否需要拓展？工厂排期能否跟得上？产品质量是否可控？这些问题都要提前考虑。

（2）计划管理问题。计划管理是一个技术活。从原材料收集、加工，再到生产制造，以及运输入仓，都会有一个时间量。这时计划管理就成为一项重要工作。要根据市场的需求预测，倒推生产流程需要的时间，以月甚至以周为单位，更新生产计划表。

（3）产品线扩充问题。当你的核心产品概念已经得到市场验证，你就需要围绕这个核心卖点迅速扩充你的产品线。这不仅能增强产品的核心概念，有利于建立品牌认知，也有利于封堵竞争对手利用空隙市场机会发起挑战。

（4）渠道拓宽问题。拓宽渠道是这一阶段的重要任务，以便让更多的人接触到产品。

（5）营销推广扩圈问题。从用户群体来看，你需要不断开拓新的圈子，即从你的核心圈层扩展到外围圈层。增长的秘诀就是让你的产品从一个圈子推广到更多的圈子，并让这些人都喜欢你的产品。

3. 产品在成长期的营销策略

鉴于萌芽期的三个基本假设已经得到了验证，此时你需要继续聚焦于你的核心卖点，不断完善你的产品概念，丰富你的"信任状"，建立更加稳固的品牌定位和用户认知。"信任状"就是能证明或能给你背书的，且能证明你核心卖点的人、物或信息。

（1）在产品端，丰富产品线。

开发更多的规格、颜色、口味，丰富产品线，用更多的产品迎合用户。这里需要特别指出的是，更多的产品不是增加新的品类，而是在原有的品类上丰富性能。千万不要在主力产品还没有站稳脚跟之时，再去开拓一个新的品类。

（2）收集更多的"信任状"，构建用户心智模型。

集中资源打透一个产品品类，为自己的品牌构建用户认知。也就是要达到这种程度：一提起品牌名称，用户就知道该品牌是某个领域的领导者。不断强化用户的品牌认知，塑造品牌定位，是成长期品牌的中心任务。

信任状来源于你的技术、新产品、新工艺、专利、质量、服务或者市场数据等方面。成长期的产品需要全方位构建"信任状"体系，围绕品牌定位，不断筑牢护城河。

（3）拓宽销售渠道。

在成长期品牌就需要深化和拓宽销售渠道。

①深化渠道。在成长期时，我们仍然建议以抖音、小红书、淘宝、微信四个平台做基础，加大品牌在这些渠道上的深度。可以借助经销商、KOL等渠道，继续增加销售店铺的数量。比如，一些知名品牌的产品，在同一时间，有数千家店铺在销售。

②拓宽渠道。与更多的线上销售平台合作，同时也可以考虑进入线下渠道。

（4）扩圈推广。

新消费品牌推广更像是涟漪化的群体扩散。首先向核心人群圈推广，然后再一层一层地去扩圈。可以通过不断扩大KOL圈层去推广，也可以通过品牌联合、IP联合去跨圈营销。

4. 产品在成长期的注意事项

（1）需要考虑融资的节奏。

在成长期品牌对资金的需求会快速增长，甚至会超出预期，需要提前与投资机构对接，以便随时快速获得所需要的资金，使资金不拖后腿。

（2）不宜在成长期对行业领导者发起挑战。

也就是说，不要在成长期对行业领导者的优势地位发起进攻。品牌在产品立足未稳之前，还是要先做好自己的产品定位，将自己的产品特点打造好，要做到独树一帜，即使是领导者也不能很快模仿。我将在下一节讲述如何对领导者发起进攻。

13.4 扩张期的营销策略

1. 产品在扩张期的主要特征

当成长速度比较快时,产品将会迎来市场领导者的反击和模仿者的偷袭。当这一情况出现时,产品已进入扩张期。

在扩张期,你的产品将与市场领导者正面竞争,因为你的产品必须去争抢它的用户,才能实现更好的成长;你的产品可能面临市场领导者的反击,市场领导者会通过推出跟你相似的产品进行反击;你的产品还可能面临模仿者的偷袭,它们模仿你的产品设计、营销概念,趁你立足未稳时,跟你抢夺新用户。

2. 产品在扩张期的主要任务

在扩张期你的产品可能处于上下夹击的竞争局面,因而必须让自己进入战斗状态。

(1)你必须向上发起进攻战,跟市场领导者展开正面对抗。你的目的不是打垮市场领导者,而是要去抢夺它的用户。市场领导者若感到痛苦,也会发起针对你的阻击战。我们的竞争策略是不要去硬碰硬,而是要采取灵活的竞争手法。

(2)你必须阻止模仿者的进攻。你要继续强化你在所处领域中自己的品牌作为第一品牌、自己的产品作为第一产品的信任状体系,最好用数据说明你的市场领先地位。

3. 产品在扩张期的营销策略

扩张期的发展对一个新品牌来讲是一个重大的考验,你必须全力以赴打好这场扩张阶段的营销战。

（1）提升产品品质，并扩张你的产品线。

进一步抢占市场领导者的用户，是扩张产品线的出发点。

第一种产品策略是，针对市场领导者的特点进攻，讲述你的产品的差异点。比如，领导者的产品是旧的，你就说你的产品是新一代的；它是多的，你的产品就是精的；它是好吃的，你的产品就是健康的；它是经典的，你的产品就是时尚的。总之，为领导者贴标签，而你的产品标签比它在现阶段的更好。

第二种产品策略是，做出一条侧翼产品线。你除了要维护独特的产品卖点之外，还要增加一些与市场领导者类似的产品卖点。这叫守正出奇，即用相同性碾压竞品的特点，用不同性吸引对方用户的转化。当然，这种产品策略会有相当大的危险性，很有可能会牺牲掉一部分早期喜欢你的产品的独特性的跟随者，但你只要运用得当，将会取得成功。而如果你有将来取代市场领导者的梦想，你就必须进入对方的领地，冒险进攻。

第三种产品策略是，推出一条更高品质、更高特性、更高价格的产品线，以此来巩固自己的品牌认知。不管是市场领导者向你发起进攻，还是你的模仿者向你发起偷袭，你都有一个产品线是它们没有想到的。

（2）制定进攻性价格策略。

随着销量的提升，供应链成本将会有明显的降低。及时将这种价格回馈给用户，将是一个好策略。提前将价格水分挤出去，也是清除潜在进入者的方法之一。还可以采取夹心饼式的产品价格组合策略：一方面利用主导产品线开展价格让利，另一方面再造一条高端产品线提升价格。一高一低，策略尽显。

（3）封锁和抢夺销售渠道。

已经稳定了一些销售渠道后，要尽可能跟一些渠道签署独家合作协议，防止竞争对手抄后路。渠道可以是经销商，也可以是零售商。另外，还应该瞄准市场领导者的主要销售渠道，要用尽一切方法切进去。

（4）锁定KOL以及独占核心名词。

KOL掌握大部分的品牌话语权，所以特别重要。要争取一批能跟你长期保持独家合作的KOL。另外，关于产品和品牌定位的核心名词，你也要关注百度、知乎等知识平台上的解释权。独占某些名词或产品概念，对于奠定产品在市场中的地位至关重要。

（5）开展更大规模的营销推广活动。

要发起一些全国性的品牌造势活动，综合发挥公共关系、广告、KOL、大促的营销推广作用。媒介要丰富，媒介的深度要深。

13.5　成熟期的营销策略

当你的主要目标市场都已经被占领完毕，并且你已经感觉到产品增长乏力时，产品就进入成熟期了。

1. 产品在成熟期的主要特征

（1）销售额最大，但销售额增长放缓，利润增长放缓。

（2）市场竞争变得异常激烈，价格压力大。

（3）新品牌、新产品层出不穷。

2. 产品在成熟期的主要任务

（1）通过丰富产品线，牢牢占据你所开拓的产品定位高点，赚取最大化利润。

（2）通过开发新品牌、新产品，开拓一个新市场。

3. 产品在成熟期的营销策略

（1）建立完善的产品体系，全方位构筑你的产品护城河，让竞争对手很难在你的核心领域找到你的产品的弱点。比如，可以按照人群再做细分，进入儿童市场、孕妇市场、老年人市场等；可以按照使用场景细分，如早上用、地铁上用、办公室用、晚餐用；等等。不断将产品深入到以前没有关注过的细分市场中。

（2）进入新的相关性产品品类领域，发展新的市场机会。如果新的领域跟原来的领域有显著差别，就应该启用新的品牌。新品牌、新产品最好能共用原来的企业资源，比如研发资源、供应链资源、渠道资源和推广资源等。

（3）为用户提供更多的金融消费政策。如会员折扣、多买折扣、运费补贴、分期付款等。

（4）根据新发掘的人群特点，开拓更多、更深的销售渠道。

（5）积极探索海外发展渠道。

13.6 衰退期的营销策略

1. 产品在衰退期的主要特征

（1）产品销售急剧下滑，利润大幅降低。

（2）大量竞争者退出市场。

（3）消费者的消费习惯发生改变，产品为其他新的产品所替代。

2. 产品在衰退期的主要任务

（1）榨干产品的最后利润。如果该产品线已经无法产生利润并已进入亏损阶段，就应尽快撤出市场。

（2）把企业资源投入到新的品牌和产品中。

3. 产品在衰退期的营销策略

（1）集中策略。将推广资源集中在有利的人群、渠道上，放弃大规模的生产和推广。产品在局部市场也许还有一定的利润，应充分挖掘。

（2）收缩产品线。

（3）促销定价。

（4）收缩渠道。

（5）收窄推广。

（6）品牌授权。比如柯达胶卷品牌消失之后，柯达将品牌进行授权，赚取授权费。它的品牌授权许可产品包括了电池、充电器、手电筒、相机配件、眼镜镜片、喷墨纸、墨水和专用介质、喷墨打印机、即时打印相机以及手机，就连数码相机也是授权其他公司生产的。中国有个内衣品牌叫南极人，后来靠品牌授权业务一年净利润超过了 10 亿元。

产品在进入成熟期和衰退期时，企业就应该提前考虑开拓新的产品领域。这里要分清两个概念："企业品牌"和"产品品牌"。任何产品品牌都会消亡，但企业品牌有可能长久。产品品牌代表某一类产品的定位，可以随着产品的消失而消失；而企业品牌可以拥有很多的产品品牌，可以保持永续发展。比如，曾经很辉煌的柯达品牌，它代表了胶卷时代的行业翘楚，尽管在数码时代柯达胶卷品牌消失了，但柯达公司仍存在，它开始制药，只是它的药品不宜再叫柯达。它可以再创一个新品牌和新品类，再造一个新品类药品的王者。

| 第十四章 |

从 0 到 10 亿元的品牌营销增长模型

本章将探讨一个从 0 到 10 亿元的品牌营销增长模型——以用户增长为导向,将 10 亿元销售目标拆解为四个阶段,并分别分析每一个阶段的营销组合策略。这将是一个很有意义的探索过程。

> **品牌故事**

蕉内——四年从 0 到 10 亿元的增长奥秘

蕉内（Bananain）是三立人（深圳）科技有限公司注册的服装品牌。自 2016 年推出第一件"Tagless 无标签内衣"以来，蕉内围绕人在多种场景下的体感问题，重新设计了内衣、袜子、防晒服、保暖服、家居服等生活基本款产品。自 2016 年，蕉内连续五年实现 100% 增长，拥有一条非常靓丽的增长曲线。2017 年商品贸易总额（GMV）实现 5 000 万元，2018 年 GMV 实现 1.8 亿元，2019 年 GMV 实现 3.3 亿元，2020 年 GMV 突破 10 亿元，用户量突破 200 万。2021 年，蕉内全渠道 GMV 突破 19 亿元。2022 年全网用户量突破 600 万。

蕉内的高速成长之路究竟是怎样筑成的呢？

行业和产品的选择是首要议题，我们先来看蕉内是怎么选择行业的。

随着中国居民消费水平的不断提升，中国内衣消费市场也迎来了新的发展阶段。2021 年中国女性内衣市场的规模已经达到 1 986 亿元，同比增长 6.37%。而在内衣市场，材质、质感、舒适、透气性已上升为用户的主要购买因素。内衣的舒适感取代了以"维多利亚的秘密"为代表的性感特征，而成为内衣产品的首选标签。蕉内通过升级消费者体验，从中高端内衣赛道入手，开启了一条光明大道。

企业在推出新产品之前，首先要有一个好的品牌名称。早在2016年公司成立时，两位创始人臧崇羽和李泽辰就决定选择"banana"作为品牌名元素。"有苹果就有香蕉"，他们以此向苹果公司致敬。二人希望以此唤醒人们对日常生活本身的重视：每个人在看似简单的日常生活里，都值得拥有更独特的体验和感受。

蕉内推出的第一款产品是"无感标签男士内裤"，该产品在推出的当年就成为爆款产品，销售额迅速突破千万元。随后蕉内陆续开始拓展产品线，推出了发热保暖内衣、不掉跟袜子、无感托内衣、凉感防晒服等新品类。

如果蕉内只停留在产品运营阶段，它一定走不远。让它能迅速壮大起来的深层次原因，是蕉内高超的品牌运营思维。

首先是蕉内品牌的总体定位。其联合创始人臧崇羽与李泽辰认为，"产品之间很难拉开绝对差距，但是品牌价值和理念会是连接品牌和用户最重要的链条"。相比部分同赛道选手直接将"内衣"字眼与品牌名绑定，蕉内则多次强调自己是一家"体感科技公司"，更加强调品牌的外延性概念扩张。

围绕着"体感科技"的核心概念，蕉内将产品线划分为五个产品体系，分别是热感体系、凉感体系、绒感体系、裸感体系和丝感体系。不同的体系融入不同的科技元素，如热感体系主打秋冬季保暖衣、裤、袜、眼罩等保暖用品，采用蕉内实验室研发的保暖科技暖感纱,以维持体表暖循环。暖感针织能阻挡冷空气入侵,从内到外层层防护。而在凉感体系中,蕉内主打春夏季防晒衣,用运动的理念做防晒衣,用防晒的理念做运动服。蕉内使用冷雾原料——超细旦尼龙纱,自带天然凉感。

此外,在产品核心概念的诉求上,蕉内更加强调了科技性概念,从命名到文案再到视觉展现,直接搬用了很多高科技领域的语言体系,如无感标签(tagless lable)、移技(movestech)、热皮(heatskin)、银皮(silverskin)、无感托技术(zerotouch)等产品用语,构建了专属于自己的一套沟通方式,并在反复使用中不断将其放大和强化,直至深入人心。如果与"保暖面料"常见的平平无奇的描述对比,"热皮"这个词有没有让你产生满满的科技感?原本频繁出现在手机、汽车等高科技领域的词,突然出现在一个内衣品牌的语言体系中,就会让人耳目一新、印象深刻。

蕉内在营销推广上也采取了很多的手法。

一是请明星代言。蕉内与某知名女星合作,推出短片《软软有力量》,为新品"软支撑"文胸系列造势,强化女性24小时生活场景下的体感问题,向大众传递用好的产品带来更美好的生活的朴素价值观。邀请某知名年轻男星代言,并与老戏骨共同制作了颇有武侠风的全新广告大片——《凉皮之夏》,推出相关防晒产品。相关热搜10小时内阅读量就已破亿。

二是发布户外广告,提升品牌形象。蕉内通过与天猫联合投放户外广告,在电梯、公交站等位置投放平面广告和商业电视广告(TVC),同时使机会人群精准回流至天猫,并结合明星影响力、天猫年度会员日、超级品牌日等主题活动,拉升成交规模、沉淀消费者数据。

三是跨界联名。蕉内先后与海绵宝宝、ViViCat 懒猫、太二、Fansack 等 IP 动漫及电商与餐饮等众多行业的品牌联合打造新产品,将年轻、公益与环保等理念融合到产品设计中。

蕉内的渠道建设也做得较为极致。在产品 GMV 达到 10 亿元之前,蕉内的销售只专注于天猫平台。直到 2021 年 3 月,蕉内才同时开设了京东、抖音、小红书等更多平台的销售渠道,正式开启了线上全渠道的铺设工作,此时其全网用户量突破 600 万。2022 年,蕉内首家线下体验店"000 号"在深圳落地。

14.1 设定用户增长目标

先列一个用户增长的目标模型。可以将销售额从 0~10 亿元的用户增长目标体系分为四个阶段(见表 14-1)。

表 14-1 用户目标与增长阶段

阶段	用户数量(万)	销售额(万元)	主要特征
第一个阶段	0~10	0~3 000	用户导入测试期
第二个阶段	10~100	3 000~30 000	用户快速增长期

续表

阶段	用户数量（万）	销售额（万元）	主要特征
第三个阶段	100～300	30 000～60 000	用户破圈增长期
第四个阶段	300～500	60 000～100 000	品牌建立期

第一个阶段的用户数量为 0～10 万。这一时期的销售额预计为 0～3 000 万元，这个时期为用户导入测试期。

第二个阶段的用户数量为 10 万～100 万。这一时期的销售额预计为 3 000 万～3 亿元，这个时期为用户快速增长期。

第三个阶段的用户数量为 100 万～300 万。这一时期的销售额预计为 3 亿～6 亿元，这个时期是用户破圈增长期。

第四个阶段的用户数量为 300 万～500 万。这一时期的销售额预计为 6 亿～10 亿元，这个时期是品牌建立期，在这一时期用户持续增长与复购。

如果你的品牌用户能够持续并稳定地增长到 300 万～500 万，你的品牌就基本上能成为一个 10 亿元级以上销售规模的品牌，你也就算得上基本奠定了一个品类的立足点，可以视为树立了一个新品牌。

14.2 科特勒用户购买模型

在详细分析每一个阶段的用户增长策略之前，我们需要先了解用户购买产品的路径图和主要节点。菲利普·科特勒教授在其

《营销革命 4.0》一书中，详细总结了用户购买产品的五个节点。了解了这五个节点后，我们就能更好理解从传统营销到数字化营销的转型中，用户的增长是如何被精确识别以及该如何更有针对性地制定营销策略。

科特勒用户购买模型（5A 模型）（见图 14-1）包括了 aware（了解）、appeal（吸引）、ask（问询）、act（行动）、advocate（拥护），是一个用户购买产品的全链路过程。

内容影响用户认知	内容吸引用户关注	内容激发用户主动了解	内容影响购买决策	内容沉淀用户关系
了解	吸引	问询	行动	拥护

图 14-1　科特勒用户购买模型（5A 模型）

（1）了解：用户被动接受有关产品的信息，例如在抖音、小红书或微博上刷到过这个品牌及旗下产品，知道有这么一个牌子。这个过程是相对被动的，不是主动的。

（2）吸引：在这个阶段用户开始主动在脑海中构建起对品牌和产品的认知，感受到它们的吸引力从而提高对其的注意力。但这个阶段是一个认知阶段，还没到行动阶段。

（3）问询：这是一个用户产生了兴趣以后，通过问询了解更多信息的过程。例如用户比较中意淘宝的某款产品，下单前会向客服询问一些问题，以消除对产品的顾虑。从这个阶段开始，用户转为行动上的主动方。

（4）行动：了解了足够的品牌和产品信息后，用户最终做出购买的决策和行动，并实际地和产品产生更多和更频繁的互动，例如学习和使用。

（5）拥护：用户初次购买后又不断复购，并把该品牌推荐给身边人。

对于 5A 模型是如何精准分析用户购买行为的，我们试举一例。

懂车帝 App 与中国汽车工业协会曾经和科特勒咨询集团、德勤管理咨询联合发布了《汽车数字营销新度量衡白皮书》。我们可以从这个白皮书中观察到汽车行业是如何拆解用户的 5A 人群指标的（见图 14-2）。

由于国家和地区不同、产品不同、营销策略不同，5A 模型也有很多的变种模式。常见的模式有四种，分别是"门把手式"、"金鱼式"、"喇叭式"和"漏斗式"（见图 14-3），但实际情况可能会有更多变化。

比如在日本市场，门把手式最为常见。其用户特点是推荐较少，这也许是日本国民分享意愿较低的表现。而在中国，人们喜欢积极地发布信息，因而推荐的倾向度比较高，用户模型多为"金鱼式"。

	1 A_{ware} 了解	2 A_{ppeal} 吸引	3 A_{sk} 问询	4 A_{ct} 行动	5 A_{dvocate} 拥护
定义	我知道这个品牌车型	我对这个车感兴趣	我询问车的细节	我留下线索/到店/成交	我成为拥护者
用户生命周期价值	品牌目标用户	品牌吸引度/好感度和话题性	潜在购买人群	用户运营成果的商业变现	口碑营销用户阵地
用户行为	近21天内被商业广告触达，或浏览/观看品牌相关内容/直播	近21天内点击商业广告，或收藏、点赞、分享、有效阅读/观看品牌相关内容/直播	近30天内主动搜索、直接咨询，或进入车型页了解价格、经销商，或进入车友圈发布提问	近90天内留下线索、到店、成交	成为车主后发表非负面评论、推荐

图 14 - 2　汽车行业 5A 人群指标定义

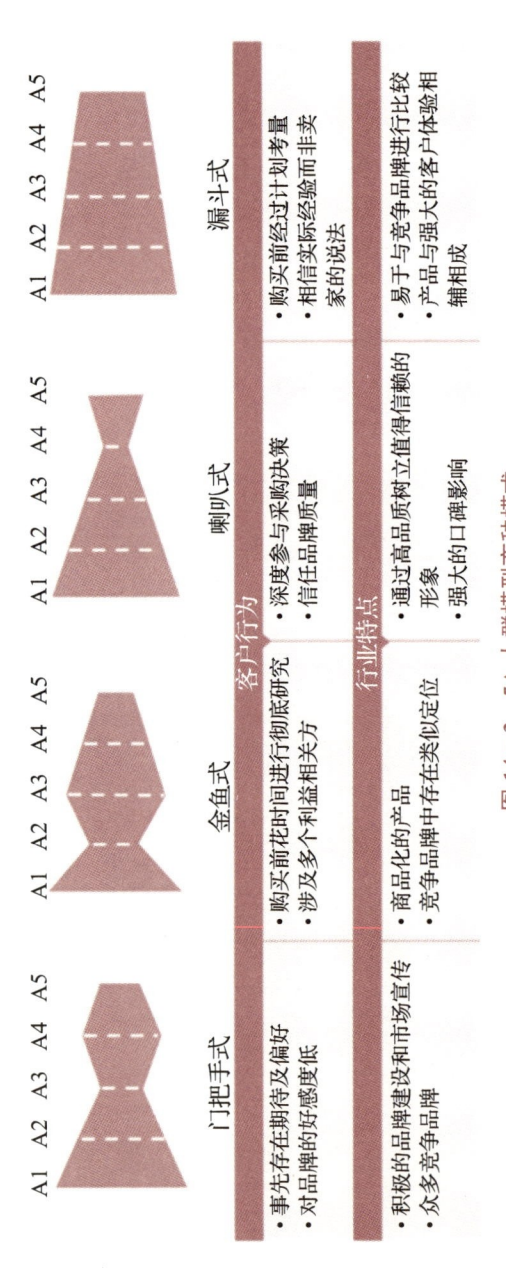

	门把手式	金鱼式	喇叭式	漏斗式
客户行为	·事先存在期待及偏好 ·对品牌的好感度低	·购买前花时间进行彻底研究 ·涉及多个利益相关方	·深度参与采购决策 ·信任品牌质量	·购买前经过计划考量 ·相信实际经验而非买家的说法
行业特点	·积极的品牌建设和市场宣传 ·众多竞争品牌	·商品化的产品 ·竞争品牌中存在类似定位	·通过高品质树立值得信赖的形象 ·强大的口碑影响	·易手与竞争品牌进行比较 ·产品与强大的客户体验相辅相成

图 14-3 5A 人群模型变种模式

最好的模型是什么呢？答案是"蝴蝶结式"模型，如图 14-4 所示。在这种模型下，所有知道该品牌的人都会进行推荐，而所有喜欢该品牌的人都会采取行动（购买）。这种模型是品牌追求的最高境界。

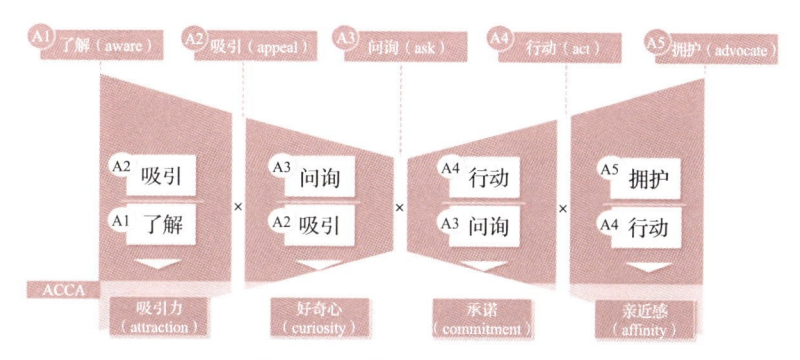

图 14-4 最佳 5A 人群模型

14.3 营销增长四阶段模型

品牌营销增长模型以"先做生意""后做品牌"的发展策略为主线。"先做生意"是指以能促成交易为先，产品能够得到用户的认可，并有合格的复购率。没有合格复购率的产品交易就只能是一门生意，产品没有发展成品牌的潜力。"后做品牌"是建立在复购的基础之上的，要使用品牌管理的方法论来打造品牌。品牌化是指在用户心中逐步建立起品牌认知和品牌价值的动态营销过程。

根据 5A 模型，我们以从 0 到 10 亿元的销售增长目标为例，来探讨全链路品牌营销的增长模型（见表 14-2 至表 14-5）。

在这里,我们再增加一个"O"类人群的概念。"O"类人群是指机会(opportunity)人群,即潜在目标人群。这样,一个完整的人群结构模型可称为"O-5A用户购买模型"。这一增长模型主要以网上销售为着眼点,分为下面的四个阶段。如果你开的是一家线下店,则可参考这套营销策略的基本逻辑。

1. 用户导入测试期

表 14-2 用户导入测试期

发展阶段:用户导入测试期		
发展目标	用户发展目标	0 ~ 10 万人
	销售发展目标	0 ~ 3 000 万元
营销策略	总体策略	单品突破,构筑"产品—用户"的用户模型
	目标用户	重点瞄准 A2/A3 人群的转化
	产品	集中单品
	品牌	稳固品牌个性,测试产品沟通概念
	价格	单品价格组合策略/试用价格
	渠道	单一渠道,建立内循环
	推广	以 KOL\KOC 短视频、直播和"软文种草"为主,辅以数字广告投放,强化口碑建设

(1)总体策略。该阶段是从 0 到 1 的用户导入测试期。测试期的主要任务是获得"产品验证"、"内容验证"和"成长性验证"。在该阶段,应以单品来寻求突破,测试 O 类用户对产品概念的接受度;重点瞄准 A2/A3 人群的转化,测试产品—用户沟通概念和用户的成长性;建立"产品—用户"的最短转化模型,明确产品概念和目标人群的最佳链接途径。在很多情况下,产品卖

得不好或者销售增长不快,是产品概念与用户感知的链接还没有找好。在从 0 到 1 的用户导入测试期,我们要找到撬动用户快速增长的杠杆。

(2)在产品端,集中于一款单品和一个核心产品概念。产品的差异化特点与产品—用户沟通概念是两个不同的东西。在这一阶段,重点是测试产品的核心卖点是否能高效吸引种子用户,并描述种子用户的标签和预估用户规模。

(3)在品牌端,在稳定品牌个性和品牌调性的基础上,测试产品—用户沟通概念。最好的方式是聚焦产品的差异化卖点,用稳、准、狠且足够"尖"的沟通概念直击用户的痛点或痒点。在这一阶段,关键是寻找产品—用户沟通概念,找到最佳产品转化卖点,因此,不用过多开展品牌形象的塑造。

(4)在价格端,以目标人群的接受度来定价,不需要用低价来撬动种子用户,否则用低价撬动来的用户其标签很可能不够准确,从而种子用户的模型无法准确建立。为了促进用户的试用,可以推出单价更低的试用装。

(5)在渠道端,建立单一渠道甚至单一频道。用最"锐利"的方式集中火力在一类用户中撕开一个口子,哪怕这个口子不够大。比如先集中一个平台,建议选择抖音,充分利用抖音的内循环全流程体系,迅速建立起种子用户的转化模型。

(6)在推广端,采用图文和短视频的方式,建立用户的兴趣点和关注点,多讲产品能看得见、摸得着的实际接触点和使用场景，少讲或不讲空泛的概念性的东西。可以做一些腰部 KOL/KOC 的投放，与之合作共创内容，用以通过不同的角度和人群来验证产品概念；也可以与头部大 V 进行少量带货合作，用以检测产品的成长性；同时加大口碑的建设力度。

2. 用户快速增长期

表 14-3　用户快速增长期

发展阶段：用户快速增长期		
发展目标	用户发展目标	10 万～100 万人
	销售发展目标	3 000 万～3 亿元
营销策略	总体策略	在更大范围内获得更大流量，建立用户倍增模型，开展品牌化策略
	目标用户	大范围提升 A1 人群，深化 A2/A3 人群的持续转化
	产品	延伸和丰富产品线
	品牌	打造用户心智，初步构建品牌定位
	价格	价格组合策略
	渠道	开拓更多渠道
	推广	大力推动头部大 V 介入产品曝光，强化构建 KOL/KOC 营销矩阵，加大数字广告投放力度，开展市场活动，尤其是参与重大节日性活动，开始做品牌联合营销，维护口碑

（1）总体策略。该阶段是用户快速增长期，也是品牌化的阶段，即初步建立品牌形象和品牌定位的阶段。这一时期的重要任务是扩大品牌的影响力，促进 A1 类人群的规模持续扩大，并继续优化 A2/A3 人群的转化效率。可通过延伸产品线，抢夺更多用户群；通过品牌化的操作手段，形成更大的品牌影响力；通过

更多的价格组合，分别覆盖不同人群的需求；通过开拓新的销售渠道，获得更多的购买人群；通过与头部更大规模的 KOL/KOC 人群合作来助力产品的销售。

（2）在产品端，围绕产品的核心概念，丰富产品组合。比如增加产品口味、花色、型号以及不同的包装组合。扩展产品线不是去开拓新的产品，而是基于原有产品核心概念，开发更丰富的产品组合。另外，在这一阶段，还可能存在向线下扩展产品销售的机会，同时应照顾到线上和线下不同的产品组合方式。

（3）在品牌端，要开始有意识地打造用户心智，构建品牌定位。打造用户心智的方法就是建立品牌的方法。

（4）在价格端，根据不同的包装、不同的产品花色，采取不同的定价组合策略。另外，对线上销售的产品和线下销售的产品也要区分定价方式，要有针对性地制定"产品—价格"组合策略。

（5）在渠道端，需要开拓更多的渠道类型，如从抖音开始向天猫、小红书、京东和私域等平台扩展，可能的话也要向线下渠道扩展。这样，从短视频到直播，从自播到联合营销，就可以通过渠道的扩展持续扩大用户群体。但渠道的扩展也需要循序渐进，总体原则是先聚焦高势能的渠道，成功后再扩展下一个。

（6）在推广端，重点采取联合 KOL/KOC 的方式，大力扩张基础推广阵地。对于公司的公关稿、新闻稿、品牌故事、文本营销、媒介矩阵等手段，要开始固定化投放。另外，应阶段性与头部带货主播合作以及参加平台的主题类促销活动，尤其是大促，并采用跨界品牌合作等方式，强化对 A1 人群的拉动，同时维护好口碑。

3. 用户破圈增长期

表 14-4　用户破圈增长期

发展阶段：用户破圈增长期		
发展目标	用户发展目标	100 万～300 万人
	销售发展目标	3 亿～6 亿元
营销策略	总体策略	不断扩展新的用户趣缘圈，扩展更多用户群体，强化品牌定位
	目标用户	开拓 O 类和 A1 人群，深化 A2/A3 人群转化
	产品	延伸和扩张产品线
	品牌	深化用户心智，强化品牌定位
	价格	价格组合策略
	渠道	立体渠道建设
	推广	以打造品牌定位为核心，多方面为品牌造势

（1）总体策略。该阶段为用户破圈增长期，在这一阶段品牌的势能成为品牌增长的关键。本阶段的重点任务是强化品牌定位，形成较为稳固的用户心智，寻求在更大范围内增强品牌影响力的机会，实行流量破圈，开拓不同的趣缘圈人群，扩增 O 类人群和 A1 人群，测试新的产品—用户沟通概念，以吸引更多的用户群体。

（2）在产品端，丰富产品组合。一是继续深化产品的核心概念，延伸更多的产品组合；二是围绕产品已经建立起来的核心概念，开发新产品。新产品是指不同类别的产品，但仍共用核心概念。

（3）在品牌端，进行品牌造势，以形成更强大的品牌影响力。可以利用名人效应，如聘请形象代言人、组织大型公关活动、参加大型行业会议等来提升品牌的影响力。

（4）在价格端，丰富价格组合方式，增强促销类产品的价格内容。

（5）在渠道端，通过线上线下相结合，深化渠道组合策略。

（6）在推广端，重点是扩大品牌声量，加大与大V和明星的合作力度，营造品牌势能，如通过聘请形象代言人、增加对电梯广告等户外媒体的投放、开展赞助活动、强化销售促进，继续巩固口碑。

4. 品牌建立期

表 14-5 品牌建立期

发展阶段：品牌建立期		
发展目标	用户发展目标	300万～500万人
	销售发展目标	6亿～10亿元
营销策略	总体策略	丰富产品线组合，进一步稳固品牌定位，并扩宽增长路径
	目标用户	提高社会面人群的知名度和美誉度
	产品	深化产品线多层级组合
	品牌	强化品牌定位，阻击竞争对手
	价格	更加灵活多样的价格组合策略
	渠道	全渠道覆盖
	推广	打造立体品牌定位，强化用户心智定位，强化用户忠诚度管理

（1）总体策略。本阶段的重点任务是深化品牌定位，形成更

加稳固的用户心智；全渠道覆盖，有针对性地阻击竞争对手；不断提高社会面人群的知名度和美誉度，并探索破除瓶颈与实现持续增长的方法。新的增长点可能来源于新产品、新渠道、新用户群体、新的使用方法或空间等，应积聚资本能力，采取饱和攻击的方式。

（2）在产品端，多方位构筑产品护城河，形成"飞机式"产品组合。

（3）在品牌端，稳固和提升品牌定位，构筑品牌护城河，阻击竞争对手。

（4）在价格端，促进低价位和高价位价格端的延伸，形成具有竞争能力的价格保护机制。

（5）在渠道端，实行全渠道覆盖。在这一阶段，企业的产品线已经极大丰富，可以考虑建立线下品牌专卖店体系或授权专卖店体系。

（6）在推广端，强化立体化品牌建设。继续与高势能平台和组织、个人开展合作，如增加对娱乐性电视节目的赞助，增加影视植入广告和写字楼与电梯间广告投放等，提升并稳固品牌形象。大力推进私域建设，开展丰富多彩的线上和线下用户可参与的主题活动，提高用户的忠诚度，提升用户复购率。

上述四个阶段仅仅模拟了营销的过程，实际情况可能会更为复杂和多变，但这不失为一个完整的沙盘模拟演练过程，能让我们的操盘者以全局视野来更好地运筹帷幄。打造一个10亿元级的公司确实不易，也许你只有千万分之一的机会，但当你了解了这一切时，就值得去冒险。

14.4 专题：抖音"O-5A"品牌人群运营方法论

广告界有一个著名的"哥德巴赫猜想"，那就是著名广告大师约翰·沃纳梅克提出的：我知道我的广告费有一半都浪费了，但遗憾的是，我不知道是哪一半被浪费了。约翰·沃纳梅克被认为是"美国百货商店之父"，他也是第一位投放现代广告的商人。这句广告界著名的"天问"，尽管已存在100年了，但人们仍然没有找到最终的答案。

抖音根据营销大师菲利普·科特勒提出的5A顾客消费路径模型，通过研究消费者在抖音商城上的购买行为模式，总结出了实践版的5A人群，并通过"巨量云图"来做5A人群的数据化分析。这就让我们离弄清楚这一世纪猜想更进了一大步。

什么是O-5A人群？我们已在前文中详细介绍过。

O是指机会（opportunity）人群，在分析5A人群之前要先对潜在的目标人群进行规划；A1人群是指被动接受品牌信息的人群；A2人群是指接受品牌信息并对信息感兴趣的人群；A3人群是指主动搜集品牌信息的人群；A4人群是指购买过品牌商品的人群；A5人群是指品牌的粉丝，他们对品牌商品长期复购。

了解了从O类人群到A1至A5人群的层层递进关系，抖音就可以通过监测用户的数字化行为模式，来发现每一阶段人群的行为特点，从而通过修正或更新广告手段将用户转化到下一个层级，最终完成交易行为和获取人群的长久拥护。图 14-5 是抖音官方提出的一个 "O-5A" 品牌人群运营方法论（以下简称 "O-5A 模型"）。通过仔细审视每个阶段中的节点和重要任务，该方案提出了有针对性的广告沟通策略。

O-5A 模型主要有两点厉害之处。

（1）不论用户处于哪个阶段，品牌方都可以用数字化手段收集用户的实际行为数据，从而判断用户处于哪个阶段。从本质上讲，这个方法论是 "流量运营" 到 "用户运营" 的根本性升级。

那在由 A1 人群向 A2 人群转化时，品牌方 "蓄水种草" 的效率究竟有多高？我们可以通过抖音官方提供的 "巨量云图" 工具，用客观的数据来评估这一阶段的转化效率，还可以对比评估同行业商品在这一阶段的转化效率。

（2）基于 "巨量云图"，品牌方可从 "人群" "内容" "接触点" 三个方面来评估品牌的运营状态，从中发现各阶段 5A 人群流转中的问题点和破局点，从而做出针对性改变。

数字化营销到底是科学还是艺术？对于这一问题，抖音的 "O-5A 模型" 和 "巨量云图" 为我们的营销活动的科学性发展提供了助力，但是营销毕竟有艺术性的成分，如对 5A 人群仍需要艺术性的广告策略来实现其流转和跨越，且在一些关键指标的提升上，我们还需要艺术性的助力。"O-5A 模型" 使我们在回答 "浪费的一半广告费去哪里了" 这一终极问题上又前进了一大步。

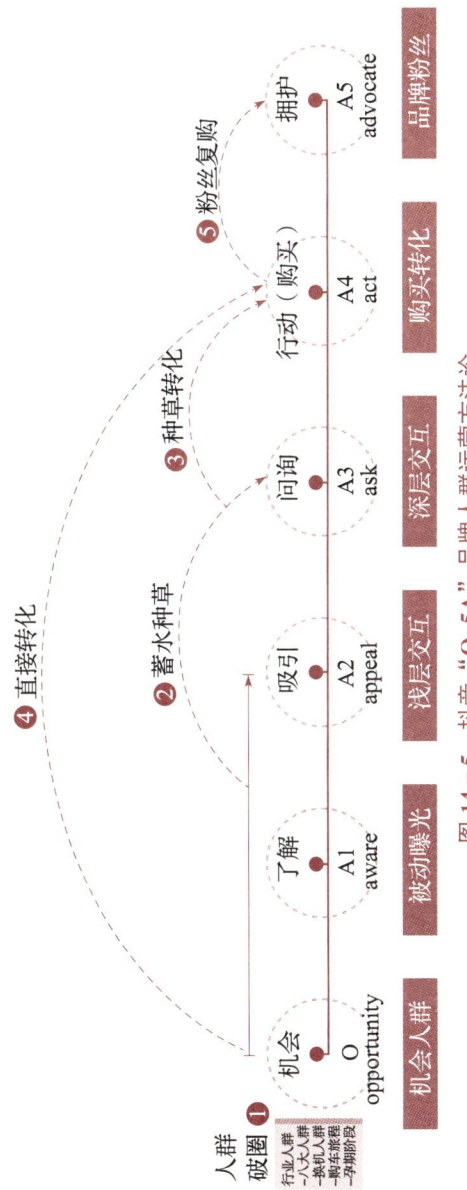

第十四章 从0到10亿元的品牌营销增长模型

人群破圈 ❶
行业人群
一级人群
购车旅程
一周期阶段

机会人群	被动曝光	浅层交互	深层交互	购买转化	品牌粉丝
机会 O opportunity	了解 A1 aware	吸引 A2 appeal	问询 A3 ask	行动（购买） A4 act	拥护 A5 advocate

❷ 蓄水种草
❸ 种草转化
❹ 直接转化
❺ 粉丝复购

图 14-5 抖音"O-5A"品牌人群运营方法论

表 14-6 中描述了"O-5A 模型"的六大运营链路,以便于我们更好地开展数字化营销活动。

表 14-6 "O-5A 模型"的六大运营链路

链路	O-5A 演变	链路增长价值
链路 1:拉新	O 类到 5A 的任何阶段	品牌方在原有 5A 品牌资产人群外,寻找新的目标消费者和生意机会,对 O 类人群进行触达,激发目标消费者的兴趣。O 类人群被称为品牌方新的 5A 品牌资产人群
链路 2:"蓄水"	O 类到 A1/A2	针对 O 类人群进行圈层筛选,通过曝光手段让目标消费者了解品牌,初步构建品牌方和消费者的浅层关系
链路 3:"种草"	O 类到 A2/A3	目标消费者被广告触达后,产生了搜索、加购物车"等深层次互动,这代表了品牌方完成了对消费者的"种草"
链路 4:直接转化	O 类到 A4/A5	原来对品牌没有认知的目标消费者,在短期内被大量广告触达后直接产生购买行为
链路 5:"种草"转化	A3 到 A4/A5	被"种草"的消费者完成了购买行为
链路 6:复购	A4 到 A5	推动已经购买商品的消费者再次复购